Johanna Dürrholz

Die K-Frage

Johanna Dürrholz

Die K-Frage

Was es heute bedeutet, (k)ein Kind zu wollen

Dudenverlag
Berlin

Inhalt

Teil 3: Unser Erbe

Die K-Frage: über diesen Titel

Der Titel meines Buchs ist mit Bedacht gewählt. Die K-Frage, dieser Ausdruck bezeichnet eigentlich die Frage danach, wer als Nächstes Kanzler oder Kanzlerin wird, und wir haben sie in Deutschland nicht zuletzt wegen Angela Merkel schon länger nicht mehr ernsthaft gestellt. Nun ist 2021 alles anders, die K-Frage stellt sich in einer Lage, die angesichts der Corona-Pandemie angespannter kaum sein könnte. Wer nun dieses Buch in die Finger bekommt und sich denkt: Da geht es ja gar nicht um Politik! Sondern um Frauenthemen!, der hat guten Grund, gerade dieses Buch zu lesen. Familienpolitik ist nicht, wie Gerhard Schröder einst sagte, »Gedöns«, und die K-Frage, die ich mir auf diesen Seiten stelle, also die Frage, ob ich Kinder will, ist nicht nur Ausdruck eines steten Unwillens, sich festzulegen, wie ihn meine Generation Y zugegeben sehr gern an den Tag legt.

»Ein richtiges Frauenbuch«, sagte ein Bekannter zu mir, als ich von diesem Projekt erzählte, und er meinte es gar nicht böse. Doch allein die Annahme, dass es sich bei der Frage danach, ob jemand Kinder möchte, um eine Frage handelt, die sich vor allem Frauen stellt, zeigt, dass unser Denken, was Familienpflichten und Elterngefühle anbelangt, oft noch von gestern ist.

Ich habe mit vielen Frauen und Männern darüber gesprochen, ob und warum sie Kinder haben oder eben nicht. Und ich habe mir gewissermaßen Rat geholt bei all jenen, die sich schon entschieden haben, für ein Leben mit Kindern oder für ein Leben ohne Kinder. Ich habe aber auch mit denjenigen gesprochen, die keine Kinder bekommen können, obwohl sie sich welche gewünscht hätten. Ich habe Mütter und Väter und Großmütter befragt, wie sich das Leben als Familie für sie gestaltet und ob es wirklich das ist, was man leben will. Und ich habe mich selbst gefragt, was ich eigentlich will oder was ich zumindest glaube zu wollen. Ich habe mir Gedanken darüber gemacht, warum in unserer Gesellschaft Frauen und Mütter noch immer benachteiligt sind und warum Männer genau diesen Befund negieren. Warum Vatersein bedeutet, eine Familie ernähren zu können oder auch zu müssen, und warum Muttersein als ein Makel und zugleich als weibliche Bestimmung gilt. Warum Familie zu haben in Deutschland zwar für viele Lebensglück bedeutet, zugleich aber dafür sorgt, dass zumindest Frauen beruflich weniger erfolgreich sind. Und ob man Familie nicht heute auch anders leben kann als in der klassischen Kernkonstellation, also Vater, Mutter, Kind.

Trotzdem bin ich mir des Privilegs bewusst, dass ich mir die K-Frage, die Kinder-Frage überhaupt stellen kann: Ich bin eine gesunde, weiße, gut ausgebildete Frau in einem der reichsten und sichersten Länder der Welt, die Zugang zu Verhütungsmitteln hat und frei über ihren Körper und ihre reproduktiven Organe entscheiden kann. Auch in Deutschland ist es nicht »normal«, dass ich meine Zukunft so frei gestalten darf, das habe ich meinem sozialen Status, meiner Bildung und meiner Herkunft zu verdanken. Vielen anderen Personen, die ich für dieses Buch interviewt habe, geht es ähnlich: Auch sie durften entscheiden, auch sie hatten die Möglichkeiten, die Privilegien und das Geld, sich mit diesen Themen auseinanderzusetzen. Das macht die Fragen für mich nicht weniger relevant oder drängend. Man muss sie sich aber überhaupt erst mal stellen können.

Teil 1
Ein Kind – wie erfüllend kann das schon sein?

Anfänge

Lange Zeit habe ich mich gar nicht damit beschäftigt, ob ich einmal Kinder bekommen würde, Kinder bekommen *wollte*. Lange Zeit war ich nicht einmal Teil eines Paars. In meinen Zwanzigern war ich damit beschäftigt, die Stadt, in der ich immer noch lebe – Köln –, kennenzulernen, vor allem ihr Nachtleben. Ich habe studiert und war fleißig, ich habe studiert und war faul, ich habe mehr Bücher gelesen als je zuvor in meinem Leben, ich habe mehr Musik gehört und mehr Konzerte besucht, als ich es mir als Teenager im Emsland auch nur ansatzweise hätte vorstellen können, ich habe meine Eltern enttäuscht und wieder stolz gemacht. Ich habe Filme geschaut und Serien ohne Ende. Ich habe mit Freundinnen Nächte durchgemacht und Tage durchgegammelt, geredet, angefangen, bitteren Kaffee zu trinken und in meiner Küche Zigaretten zu rauchen – in dieser Küche, die ein Auffangbecken war für all die verlorenen Seelen meiner Freundinnen und Freunde, die die kalte Großstadt kennen- und hassen und lieben lernten, denn ich habe auch viele Freundinnen und Freunde gefunden und einige davon wieder verloren. In meiner Küche stand ein alter CD-Player mit ziemlich schwachen Boxen, über den wir trotzdem viele CDs gehört haben, und mit einem Kabel konnten wir unser Handy anschließen. Tagsüber hörten wir Alt-J und schauten aus dem diesigen Fenster, an dem wahrscheinlich heute noch das Wachs der Kerzen klebt, die in den alten grünen Flaschen steckten, in einen Kölner Innenhof und in andere Kölner Wohnungen, in denen einsame oder zweisame Menschen saßen und rauchten und redeten. Nachts tranken wir den Schnaps meines Mitbewohners und hörten die Pet Shop Boys und Moderat oder Arcade Fire, so lange, bis wir betrunken aus der Haustür fielen und hinein in die Nacht, die uns aufsaugte wie in einen Strudel aus Licht, Nacht, Nähe und Einsamkeit. Ich habe mich verliebt und schmerzhaft wieder entliebt, ich habe Herzen gebrochen und selbst mein Herz so oft strapaziert, an allen Enden und Ecken gezerrt und gezurrt, nur um am Ende pathetisch zu seufzen: At least I'm alive! Den Schmerz, ich fühle ihn wenigstens. Ich bin in der Lage, ihn zu fühlen.

Ich habe an der Uni Kurse besucht und mich immer fehl am Platz gefühlt zwischen den klug schwafelnden Germanistinnen und Germanisten in Bonn. In den Pausen habe ich mit meinen Freundinnen und Freunden Kaffee getrunken und auf Bäume geschaut, wir haben uns mit Laub beworfen und es kurz darauf albern gefunden, wir haben geredet und geredet und geredet – über die Welt, wie wir sie aus unserem kleinen, begrenzten Sichtfenster heraus sahen, über die Welt, wie sie sein würde, und über die Welt, wie sie war. Wir fühlten uns lost und zugleich so lebendig, es war eine Zeit, in der wir nachdenklich waren, ohne echte Probleme zu kennen. Irgendwann verging sie.

Vorgezeichnet für uns alle waren Lebenswege. Die einen sollten erfolgreich sein, sollten einen super Master machen, sollten ihren Berufsweg schnell finden. Die anderen sollten schwimmen, zweifeln, verzweifeln und irgendwie weitermachen. Wir hatten Jahre damit verbracht, darüber zu reden, wie es immer gewesen war und wie wir es auf keinen Fall haben wollten: Heiraten? Ein Haus bauen? Bloß nicht!

Dabei hielt ich, solange ich denken konnte, Ausschau nach einem Gegenüber, das mir genau die überromantisierten Vorstellungen einer monogamen Beziehung erfüllen würde. Dass ich eines Tages Kinder bekommen würde – ich habe es keine Sekunde lang angezweifelt. Für uns alle war das eigentlich klar: Es war ein »Eines Tages …«. Eines Tages würden wir Kinder bekommen, vermutlich in einer monogamen Zweierbeziehung. So viel wussten wir dann doch.

Ich verliebte mich. Nicht Hals über Kopf, aber dann doch so, dass es heftig war, kein heftiger Schmerz, sondern heftiges Gefühl, wir wussten beide schnell, dass wir jetzt dieses Gegenüber gefunden hatten. Ich weiß es noch heute.

Und das »Eines Tages …«, es ist heute eben gar nicht mehr fern. Ich bin einunddreißig Jahre alt, seit fast sieben Jahren in einer stabilen Beziehung, ich habe einen Job, der mir Spaß macht, ein Hobby, das ich liebe, und eine nette Wohnung in meiner liebsten Stadt. Ich habe ein Zuhause. Doch jetzt, wo es so weit wäre, beginne ich, den für mich nie infrage gestellten Lebensweg, diese vorgezeichnete Biografie (von wem eigentlich – und wieso?) kritisch zu beäugen. Heiraten, ich weiß ja nicht. Und Kinder kriegen? Noch ist Zeit, aber eigentlich auch nicht mehr allzu viel. Will ich mit achtunddreißig beim Kinderwunsch-Doktor sitzen, weil ich mich zu lange nicht entscheiden konnte? Dass mit Kindern alles ganz anders ist, als man es sich vorher auch nur irgendwie hat vorstellen können – das sagen einem alle. Man kann es schrecklich finden oder darin aufgehen. Man, aber vor allem Frauen können den Anschluss im Job oder die Chance auf eine Karriere verlieren. Die Freiheit ist dahin und das Schlafen sowieso, für immer! Oder zumindest für eine so lange Zeit, dass sich Augenringe tief ins Gesicht eingravieren und einen so unattraktiv machen, dass man nach der in die Brüche gegangenen Beziehung (»Das Kind hat der Beziehung einfach die Erotik genommen …«) nie wieder Liebe finden wird. Am Ende sitze ich da, allein, ohne Job und ohne Altersvorsorge, mit einem Kind, das alle Liebe und alles Leben einfordert, ohne Partner und ohne Hoffnung.

Was aber, wenn ich keine Kinder bekäme? Vielleicht nicht einmal aufgrund einer bewussten Entscheidung, sondern weil es einfach gerade immer irgendwelche wichtigeren Dinge gibt, irgendwelche drängenderen Angelegenheiten. Und weil mir die Entscheidung so schwerfällt, rede ich einfach nicht mehr darüber, und eines Tages wäre es zu spät! Würde ich mit Mitte vierzig plötzlich hochschrecken, wie aus einem langen Traum, in dem es immer hieß: Aus dir wird noch was, Kind, du wirst einmal etwas schaffen – und feststellen: Ich habe nichts geschafft, aus mir ist nichts geworden, und ich habe das Gefühl, etwas ganz Wichtiges, Lebensentscheidendes, meinen Charakter auf positive Art und Weise Veränderndes verpasst zu haben? Würde ich plötzlich einsehen, dass mein Leben klein und einsam und ohne tieferen Sinn vor sich hin gelebt wurde, ohne dass ich jemals auch nur etwas von Bedeutung geschaffen hätte, denn das Einzige von Bedeutung ist das Leben, das ich aus furchtbar egoistischen Gründen nicht in der Lage war weiterzugeben?

Das sind Sorgen, die ich mir mache, die sich vermutlich viele Menschen in meinem Alter machen. Allein: Dass ich vorher nicht weiß, nicht wissen *kann*, wie die Geschichte ausgeht – das macht die Entscheidung für oder gegen Kinder umso schwerer.

Reproduktion

Andreas Schmutzler war einer der ersten Gynäkologen, der in Deutschland Spermien in eine Eizelle injizierte; das war 1993. Er hatte die Methode in den Vereinigten Staaten erlernt. In Deutschland hagelte es Kritik, seine Kollegen riefen ihn empört an, die Gynäkologie stand kopf. Wie Schmutzler das tun könne? Habe er keine Werte? Keine Moral?

Die ethischen Bedenken von damals sind heute nicht mehr so groß. Viele Deutsche denken immer später ans Kinderkriegen. Von Schmutzlers Patientinnen sind 50 Prozent über fünfunddreißig Jahre alt, ihre Chance auf eine Schwangerschaft sinkt, medizinisch gesehen, jedes Jahr um zwei Prozentpunkte. Er hat natürlich auch männliche Patienten, doch deren reproduktive Probleme lassen sich leichter lösen. In der Regel sind es heterosexuelle Paare, die Schmutzler in seiner Kinderwunsch-Praxis aufsuchen.

Ich habe Andreas Schmutzler schon vor einiger Zeit kennengelernt, am Telefon. Damals schrieb ich, vielleicht ein bisschen naiv, einen Zeitungsartikel über die philosophischen Konsequenzen des Kinderkriegens und die Unmöglichkeit dieser lebensverändernden Entscheidung. Mein Fazit: Ich weiß, dass ich nichts weiß. Andreas Schmutzler schrieb mir seinerzeit eine Mail: »Sehr geehrte Frau Dürrholz, mit großem Interesse habe ich Ihren Artikel gelesen. Gut geschrieben, sympathisch auf den ersten Blick, aber ich würde aus meiner umfangreichen Erfahrung Ihnen gerne etwas dazu sagen. Es wäre sehr nett, wenn Sie mich einmal kurz auf dem Handy anrufen würden – jederzeit! HG, Ihr Andreas Schmutzler.«

Derweil trudelten in der Redaktion Leserbriefe ein, echte, handgeschriebene Leserbriefe, der Artikel ging außerdem hinter der Paywall online, und ich bekam plötzlich Mail um Mail um Mail. Von Männern, die mich als dumm beschimpften. Von Frauen, die mich verstehen konnten und nach mehr Informationen fragten. Von Lesern und Leserinnen, die sich bedankten, sich empörten, sich Gedanken machten und von ihrer eigenen Erfahrung berichteten.

In diesem Schwall Leserpost (die in diesem Ausmaß leider keinesfalls üblich ist) kam auch die Mail von Dr. Schmutzler, und so ist es vielleicht verständlich, dass ich nicht sofort antwortete. Er rief mich schließlich an. »Sie sollten möglichst jetzt schon ein Kind bekommen«, ertönte es am anderen Ende der Leitung. Auch mein Hinweis, dass ich gerade im Ausland sei (nicht, dass man da keine Kinder zeugen könnte), kümmerte ihn nicht. Er erzählte von seinen eigenen Kindern, seinen Ansichten.

Etwa ein Jahr später fahre ich zu Dr. Schmutzler in die Kinderwunschpraxis, nach Göttingen. In seinem kleinen, sterilen Besprechungszimmer, in dem er sonst unglückliche Kinderlose berät, liegen jede Menge Broschüren: »Kinderwunsch. Leitfaden«, »HPV-Impfung«, »Unser Weg zum Wunschkind«. Aber auch: »Rauchfrei – ich will es schaffen«. Passend dazu rekelt sich auf einem Schwarz-Weiß-Bild über Schmutzlers Schreibtisch eine nackte Frau, die Brustwarzen sind durch die angezogenen Beine verdeckt, in der Hand und vor den Lippen hält sie – eine Zigarette. Nun ja. In meinem Wollpullover, es ist immerhin Dezember, schwitze ich stark; Schmutzler lehnt sich im Poloshirt entspannt zurück. Sein Mitteilungsbedürfnis ist, wie ich schnell merke, nicht geringer geworden. Ob er zunächst seine medizinischen Fakten darlegen dürfe? Ja, gerne. Daraufhin redet er 45 Minuten am Stück. Was er mir berichtet, ist aber auch sehr interessant.

Dr. Schmutzlers medizinische Realität sieht so aus: Täglich kommen Frauen zu ihm, Paare, die sich Kinder wünschen, bisher aber keine bekommen konnten. Im Erstgespräch ruft er dreißig bis vierzig Parameter ab: Hat das Paar schon Kinder? Wie alt sind beide? Wie steht es um die gynäkologische Gesundheit der Frau? Sind die beiden verheiratet? Welche Methode stellen sie sich vor?

»Es gibt drei Stufen der Behandlung, die ich vornehme«, sagt Schmutzler. »Die erste Stufe ist: Ich stelle nach Stimulation der Eierstöcke mit Hormonen gemeinsam mit dem Paar den optimalen Zeitpunkt für Geschlechtsverkehr fest. Die zweite Stufe, ebenfalls nach Stimulation der Eierstöcke, ist die Injektion von Spermien in die Gebärmutter.« Intracytoplasmatische Spermieninjektion, kurz: ICSI, nennt sich diese Behandlungsform, die 1993 zum ersten Mal in Deutschland durchgeführt wurde. Schmutzler selbst war einer der Ersten, der Spermien injizierte. Er erinnert sich gut daran. Damals hätten ihm viele die Behandlung vorgehalten, aus ethischen Gründen, aus moralischen Gründen.

Die dritte Behandlungsform, die Dr. Schmutzler durchführt, ist Reagenzglasbefruchtung, die sogenannte In-vitro-Fertilisation. Die Chancen, auf diese Weise schwanger zu werden, liegen bei etwa 30 Prozent. »Wenn die Spermien dafür zu langsam oder zu wenig sind, werden sie dabei nicht nur in die Flüssigkeit mit den Eizellen pipetiert, sondern mit feinen Glasnadeln unter dem Mikroskop per Mikromanipulation direkt in die Eizellen injiziert.«

Die Praxis von Dr. Schmutzler und seiner Kollegin Dr. Monica Tobler ist registrierter Partner der Forschung des deutschen IVF-Registers. In Deutschland werden in diesem Register alle Behandlungsdaten von reproduktionsmedizinischen Leistungen zusammengetragen und ausgewertet. Im Jahrbuch 2019 des IVF-Registers heißt es, dass in Europa etwa 200 000 Kinder pro Jahr nach »außerkörperlicher Befruchtung« geboren werden. Deutschland ist nach Russland und Spanien das Land mit den meisten derartigen Eingriffen. Für das Jahr 2019 lag hier die Zahl der vom IVF-Register dokumentierten Behandlungszyklen bei 110 786. Die Geburtsrate pro Embryotransfer lag im selben Zeitraum bei 23,5 Prozent, damit sei die Geburtenrate »sehr stabil«. Schwanger wurden durch diese Form der künstlichen Befruchtung etwa 32,2 Prozent der behandelten Patientinnen. Das Alter der Patientinnen und Patienten ist gegenüber 2018 im Mittel gestiegen: von 35,2 Jahren auf 35,5 Jahre bei den Patientinnen und von 38,7 Jahren auf 38,9 Jahre bei den Patienten.

Je älter die Patientin ist, desto unwahrscheinlicher ist es, dass die Behandlung von Dr. Schmutzler anschlägt. Liegt das »Problem« beim Mann, sind die Erfolgsaussichten sehr viel rosiger. Pro Versuch klappt es bei 70 Prozent seiner Patientinnen nicht. Schmutzler hat also oft enttäuschte Frauen in seinem Büro sitzen oder am Telefon. »Sie machen sich Vorwürfe. Sie weinen. Das ist nicht besonders schön.« Vielleicht, weil er so viele Patientinnen enttäuschen muss, vielleicht, weil ihm gute Resultate allein schon für das Fortbestehen seiner Praxis sehr wichtig sind, hat Schmutzler sein eines Ziel fest im Blick: »Ich will, dass meine Patientinnen ein Kind bekommen.« In Deutschland dürfen Männer anonym Samen spenden. Eizellen hingegen dürfen gesetzlich nicht gespendet werden, genauso wie Leihmutterschaft verboten ist. Schmutzler findet das falsch. Warum macht man einen Unterschied zwischen weiblichen und männlichen reproduktiven Zellen?

Und ich finde auch, das hört sich an wie ein Relikt aus einer anderen Zeit. Ein Relikt, das zeigt, dass viele noch immer glauben, über weibliche Reproduktionsorgane bestimmen zu dürfen. Paragraf 219a* ist ein weiteres.

Psychologie ist wichtig in Schmutzlers Beruf, auch weil die seelische Verfassung der Patientin oder des Patienten den Prozess beeinflussen kann. Er muss genau verstehen, was das Paar sich wünscht, worauf es hofft, ob die Erwartungen der Eltern in spe realistisch sind. Die meisten Paare, die zu Schmutzler kommen, haben schon eine Weile (mindestens ein halbes Jahr lang) versucht, ein Kind zu zeugen. Sie sind dementsprechend frustriert, wenn sie bei Schmutzler sitzen. Frauen machen sich Vorwürfe, zu spät angefangen zu haben. Männer fühlen sich als Versager.

Dabei ist die reproduktive Performance des Menschen sowieso schlecht, sehr schlecht sogar, sagt Schmutzler. Er stellt mir während des Gesprächs öfter Fragen, die ich allesamt falsch oder nicht beantworte. »Warum, glauben Sie, bekommen die Menschen so viel weniger Kinder als andere Spezies?«, fragt er mich etwa. Weil sie sich frei entscheiden können? Er lächelt wissend. »Mäuse sind ab dem fünften Monat geschlechtsreif. Danach können sie ihr ganzes Leben lang Hunderte Junge bekommen.« Wobei die Lebensspanne natürlich auch geringer ist. Aber tatsächlich, beim Menschen dauert es etwa zwölf bis vierzehn Jahre, bis er geschlechtsreif ist.

Weil Paare mit unerfülltem Kinderwunsch oft auch seelischer Unterstützung bedürfen, arbeitet Schmutzler sehr eng mit seinen Patientinnen und Patienten zusammen. Er empfiehlt an Kolleginnen und Kollegen weiter, die psychologische Unterstützung anbieten. Und vor allem ist er immer ansprechbar.

---

* Der Paragraf 219a verbietet gynäkologischen Praxen, Werbung für Abtreibung zu machen. Darunter fällt auch die schlichte Information, dass die Praxis Abtreibungen überhaupt anbietet. Ich halte diesen Paragrafen für falsch, weil er es Frauen erschwert, wichtige medizinische Informationen zu erhalten, und weil er das Stigma einer Abtreibung noch verstärkt.

»Alle Patienten, bei denen ich eine Reagenzglasbefruchtung durchführe, haben meine Handynummer.« Weil er so viel vom seelischen Leid mitbekommt, kann es sich Schmutzler nicht verkneifen, den Leuten immer wieder Ratschläge wie jene aus seiner Mail an mich zu erteilen. Bloß nicht zu lange warten! Die Zeit für ein Kind ist nie die richtige! Seine Tipps orientieren sich an einer biologischen Realität, die mir zwar durchaus bewusst ist, die ich aber gern verdränge. »Mehr als 50 Prozent der Patientinnen, die zu mir kommen, sind über fünfunddreißig«, sagt Schmutzler dazu. Er hat dafür Verständnis, findet es aber nicht gut, sagt er. Auch wenn ich ihn eigentlich seiner medizinischen Expertise wegen treffen wollte, lässt er es sich nicht nehmen, mir auch seine politischen, gesellschaftlichen und menschlichen Überzeugungen mitzuteilen. Und er trifft ja auch viele Patientinnen, die noch vor ein paar Jahren vermutlich ähnlich gedacht haben wie ich: Hat ja noch Zeit. Jetzt noch nicht. Und so weiter.

Ich befinde mich damit übrigens im Trend: Deutsche Frauen werden immer später Mutter. 2018 waren mehr als 42 000 Mütter in Deutschland bei der Geburt ihres Kindes vierzig Jahre oder älter. Laut dem Statistischen Bundesamt hat sich der Wert in den vergangenen drei Jahrzehnten fast vervierfacht.

Für Schmutzler ist der Wunsch des Menschen nach Fortpflanzung zugleich der Wunsch nach Sinnerfüllung, nach Transzendenz des eigenen Seins. Warum sind wir hier? Prompt frage ich mich: Bin ich wirklich nur hier, um mich fortzupflanzen? Wenn ich Kinder in die Welt setze, muss ich gleichzeitig die Verantwortung dafür tragen, dass sie später einen wertvollen Beitrag leisten. Sonst hätte es sich mit der Sinnstiftung.

Es ist ein ewiges Dilemma: Wir Frauen wollen mitmischen, ganz oben, die gleiche Arbeit leisten wie Männer, die gleiche Job-Verantwortung tragen, gleich viel verdienen. Gleichzeitig ist das Zeitfenster, in dem wir uns fortpflanzen können, sehr kurz, gemessen an den gesellschaftlichen Vorgaben, die eine Verwirklichung im Job voraussetzen: Abitur, Studium, bis wir im Job angekommen sind, sind wir mindestens fünfundzwanzig Jahre alt, wollen dann ja noch ein bisschen Geld verdienen, womöglich die erste Beförderung einsacken. Wir sind Anfang dreißig, bis es mit Kindern »passt«. Das ist schlecht, wenn man bedenkt, dass eine Schwangerschaft ab fünfunddreißig als Risikoschwangerschaft gilt (früher sogar schon ab dreißig). Für Nicht-Akademikerinnen ist das mit einem Kind verbundene finanzielle Risiko ungleich höher. Kein Wunder also, dass auch sie immer länger warten.

So sehr sich Dr. Schmutzler und andere Reproduktionsmediziner/-innen auch bemühen: Die Wahrscheinlichkeit, dass ungewollt Kinderlose durch künstliche Befruchtung schwanger werden, ist noch immer nicht sonderlich hoch. Was erlebt man, wenn man die lange Behandlung vornehmen lässt? Ich habe nach dem Gespräch mit dem Reproduktionsmediziner Frauen getroffen, die mir davon berichteten.

Glücklich sein ohne Kind – wie geht das?

Als Franziska Ferber endgültig wusste, dass sich ihr Kinderwunsch nie erfüllen würde, schwor sie sich eines: Sie würde ihr Leid annehmen – und es in etwas Positives umwandeln. Sie würde nicht einfach in der eigenen Traurigkeit versinken. Sie würde anderen Frauen mit einem ähnlichen Schicksal helfen. »Doch bis dahin war es ein weiter Weg.«

Sie hatte schon ein paar Jahre in einer Unternehmensberatung gearbeitet, ehe sie heiratete und mit ihrem Partner versuchte, ein Kind zu bekommen. Als es nicht klappen wollte, gingen sie zum Arzt, anschließend versuchten sie es drei Jahre lang in einer Kinderwunschklinik – vergeblich. Mit Anfang dreißig hatte Franziska Ferber die Gewissheit: Ein leibliches Kind würde sie nie bekommen können. Ein Pflegekind, das sie womöglich wieder verlieren könnten, trauten sie und ihr Mann sich nach den Jahren des Wartens und der vielen Enttäuschungen einfach nicht zu. Und Adoption? »In dem entsprechenden Jahr kamen in München sechs zur Adoption freigegebene Kinder, die nicht als Teil einer Patchworkfamilie adoptiert wurden, auf über vierhundert Paare. Dazu kamen noch die Paare aus dem Jahr davor, die unter vierzig waren.« Die Aussicht auf weitere Jahre des Wartens, des Bangens, Hoffens und Enttäuschtwerdens war alles andere als rosig. Ferber wusste, dass sie das nicht durchstehen würde. Also machte sie irgendwann den Cut. Es sollte eben nicht sein.

Für Ferber waren die Jahre des Versuchens, das ewige Trial and Error, geprägt von Verlust, Schmerz, Trauer, Enttäuschung. »Ich hätte mir jemanden gewünscht, der mich begleitet, der mich unterstützt.« Sie suchte professionelle Hilfe. Doch sie fand niemanden, der explizit Frauen mit unerfülltem Kinderwunsch begleitete. Also schulte sie selbst um. Absolvierte eine dreijährige Coaching-Ausbildung. Und gibt heute Kurse und Seminare für Frauen, denen es ähnlich ergeht wie früher ihr.

Weil Ferber sich so sehr damit auseinandersetzt, welche Wünsche wir in uns tragen und was Frauen mit Kinderwunsch beschäftigt, möchte ich mit ihr sprechen. Kann sie mir verraten, was es ist, das diesen intrinsischen Wunsch auslöst? Und ob man auch ohne Kinder glücklich leben kann? Kann man, sagt Ferber, logisch. Sie tut es ja selbst. Doch für sie ist das Thema nach wie vor emotional besetzt, das merken wir beide im Gespräch. Natürlich kann sie das ausblenden und die professionelle Distanz wahren, wenn sie Frauen berät. Doch es hilft eben auch schon zu wissen: Da ist jemand, die weiß genau, wie ich mich fühle.

Laut dem Bundesfamilienministerium ist in Deutschland fast jedes zehnte Paar zwischen 25 und 59 Jahren ungewollt kinderlos. In einer repräsentativen Studie von 2020[1] heißt es, Kinderlosigkeit sei in unserer Gesellschaft »ein Massenphänomen«. Sie sei in »allen Altersgruppen, Lebensphasen und Milieus eine weit verbreitete Normalität«, allerdings besonders häufig in der Mitte der Gesellschaft, noch mehr in gehobenen Milieus zu finden. »Vor allem Frauen und Männer mit hoher Qualifikation und beruflichen Ambitionen verschieben ihren Kinderwunsch auf die (unbestimmte) Zeit nach dem Berufseinstieg oder gar der beruflichen Etablierung«, heißt es in der Erhebung.

Ist ungewollte Kinderlosigkeit also genau das: ein Problem von Frauen, die sich erst selbst verwirklichen wollten – bis es schließlich zu spät war? Ich muss an die Patientinnen denken, mit denen Dr. Schmutzler häufig zu tun hat. Steht mir demnach genau das Schicksal bevor, das er bereits prognostiziert hat?

Doch Franziska Ferber hatte nicht zu lange gewartet – und war umso enttäuschter, als ihr klar wurde, dass sie kinderlos bleiben würde. »Ich glaube, es gibt drei Ebenen, auf denen wir uns Kinder wünschen«, erklärt sie. Da sei zum einen die Ebene, mit der sich die meisten identifizieren könnten: »Das ist der Wert an sich, ein Kind zu haben, Mutter zu werden, Mutter zu sein. Eine Familie zu gründen.« Das hat, findet Ferber, einen hohen persönlichen und gesellschaftlichen Wert. Sie selbst hat diesen Wert nie infrage gestellt. Sie hat sich, anders als ich, nicht vorher gefragt: Will ich überhaupt? »Obwohl ich keine Frau bin, die schon von klein auf davon träumte, ein Kind zu bekommen, Mutter zu werden – überhaupt nicht.« Doch dass sie Kinder wollte, stand für sie außer Frage.

Die zweite Ebene habe mit ihrer Persönlichkeit zu tun. »Ich bin ein wahnsinnig herzlicher und liebevoller Mensch«, sagt Ferber über sich selbst. »Ich kümmere mich gern um andere Menschen. Ich übernehme gern Verantwortung.« Und in einer Unternehmensberatung werde man für alles Mögliche geschätzt, aber nicht unbedingt für seine liebevolle, herzliche Art, erklärt sie lachend. Wohin dann aber mit all der Fürsorge, die sie in sich trägt? Wohin mit dieser mütterlichen Art? »Wünscht man das nicht jedem Kind – eine liebevolle Mutter?«, meint Ferber. Sie fühlte sich vom Schicksal übergangen. »Ich fand das so ungerecht – dass ich so viel Liebe in mir trage. Und nicht wusste, wohin damit. Nur weil ich kein Kind bekommen konnte.«

Tatsächlich hat Franziska Ferber heute einen kleinen Hund. Als Kompensation, das ist ihr klar – und für sie auch in Ordnung. Außerdem kann sie in ihren Kursen »ihren Kinderwunsch-Frauen«, so nennt sie ihre Klientinnen, vieles zurückgeben. Kann mit Menschen arbeiten. Sich kümmern, Verantwortung übernehmen, motivieren. Kann diesen Teil ihrer Persönlichkeit genauso ausleben wie ihre Fähigkeiten.

Die dritte Ebene, auf der Ferber sich Kinder wünschte, ist ihr zwar nicht peinlich – aber so richtig angenehm ist es ihr auch nicht. »So möchte ich mich selbst nicht sehen«, sagt sie, ist aber doch ehrlich und reflektiert genug, um darüber zu sprechen. Weil es zur Lebensrealität dazugehört. »Ich war schon einige Jahre in der Unternehmensberatung tätig, als wir versuchten, ein Kind zu bekommen«, erzählt sie, »und ich hatte da im Job wirklich eine ganz tolle Zeit. Trotzdem war es auch eine unglaubliche Belastung. Ich war an einem Punkt, an dem ich keine Lust mehr darauf hatte, jeden Montagmorgen um 6.20 Uhr in ein Flugzeug zu steigen und meine Kraft dafür einzusetzen, dass irgendein Unternehmen x Prozent mehr Rendite erwirtschaften kann. Das erschien mir so sinnlos.« Die Sinnstiftung also wieder. In einer Gesellschaft, in der sehr viele von uns in Büros sitzen, Tabellen pflegen und sehr abstrakt einem Kapital zuarbeiten, ist die Frage nach dem Sinn vielleicht umso drängender. Und wenn wir ihn nicht in unserer Arbeit erkennen, über die sich viele Menschen in Deutschland stark definieren, dann doch wenigstens über das Familienleben. Klingt einleuchtend, oder?

»Ich habe ordentlich verdient«, sagt Ferber. »Aber es gibt Sättigungsgrenzen. Irgendwann entspricht ein Zugewinn an Gehalt nicht mehr dem gleichen Zugewinn an persönlicher Zufriedenheit.« Aus heutiger Sicht sind das keine Gedanken, auf die sie stolz ist: »Ich hätte mich ja auch woanders bewerben können.« Doch die Auseinandersetzung mit und der Wunsch nach Sinnhaftigkeit ist etwas, das viele Frauen bewegt. Auch weil Männlichkeit in unserer Gesellschaft noch immer zu einem höheren Anteil über die Arbeit definiert wird, während Weiblichkeit mit Sorgearbeit und Muttersein assoziiert wird. Selbst die Frage danach, was uns in unserem Leben Sinn gibt, ist uns kulturell vorgegeben. Sich von diesen Vorstellungen zu lösen, ist darum gar nicht so leicht.

Franziska Ferber jedenfalls sah das Ganze pragmatisch. »Ich dachte mir, wenn ich schwanger werde, müsste ich gar nicht in die Auseinandersetzung mit meinem Chef gehen und womöglich unangenehme Gespräche führen.« Stattdessen, so stellte sie es sich vor, könnte sie einfach mit einem Attest ihres Frauenarztes kommen, das besagt: »Die Ferber fliegt ab nächster Woche nicht mehr.« Die Erschöpfung, die ihr Job auslöste, hätte sie damit zumindest fürs Erste geklärt. Viele ihrer Klientinnen schämen sich genau für solche Gedanken, erzählt sie. Dabei kann man doch die Verlagerung der Sinnsuche und die Aussicht darauf, sich für einige Monate häuslich mit einem Baby zurückzuziehen, gut verstehen. Ob es dann wirklich so gemütlich wird und ob diese Überlegungen der Realität entsprechen, lässt sich natürlich bezweifeln. Oder: Das steht auf einem anderen Blatt.

Es fiel Franziska Ferber schwer zu akzeptieren, dass sie keine Kinder würde bekommen können. »Ich habe nie infrage gestellt, dass ich welche bekommen würde«, sagt sie. Besonders schwierig war für sie, dass sie schon mit Anfang dreißig wusste, dass sie kinderlos bleiben würde, in einem Alter also, in dem in ihrem Umfeld viele Paare ihr erstes Kind bekamen. »Da trudelte eine Schwangerschaftsnachricht nach der nächsten rein.« Für sie war das besonders belastend. »Zumal ich immer das Gefühl hatte, ich müsste mich ja mit denen freuen. Rückblickend würde ich sagen: Ich habe da meine Seele verkauft.« Sich für jemanden freuen, der genau das bekommt, was einem selbst verwehrt bleibt – Ferbers Ansicht nach ist das ethisch erwünscht. Dennoch wollte es ihr nicht gelingen. Sie empfand immer Neid – und fühlte sich deshalb schuldig.

Was dann folgte, beschreibt Franziska Ferber heute als langen, schwierigen und persönlichen Weg. Als Weg hin zur Akzeptanz eines Lebens, das anders verläuft, als sie es sich vorgestellt hatte. Dabei ist sie manche Umwege gegangen – »Die hab ich im Nachhinein rausgestrichen« –, aber die Eckpunkte bleiben, und an denen orientiert sie sich auch mit den Frauen, die zu ihr kommen. Es geht darum, Antworten zu finden »auf große und existenzielle und tiefe Lebensfragen«. Es geht um den Sinn, um die Aufgaben im Leben. Um Zugehörigkeit. Keiner konnte Franziska Ferber dabei helfen, diese Fragen zu beantworten. Doch sie kann heute anderen Frauen dabei helfen. Und das gibt ihrem Leben Sinn.

***

Mit meinen Eltern über dieses Thema zu reden ist gar nicht so leicht. Als ich meine Mutter nach ihrem Geburtstag fragte, ob es sie störe, dass ich einen Tag länger bleiben würde als der Rest der Familie, antwortete sie: »Nein, du störst mich nie. Du bist mein Lebenselixier.« Meine Mutter ist kein dramatischer oder gar pathetischer Mensch, überhaupt nicht. Sie ist aufgewachsen als Tochter eines Schlossermeisters und einer Hausfrau, im Ruhrgebiet, und kann alles reparieren, wenn sie will. Als ich mit elf oder zwölf meinen Fahrradschlüssel verlor, sägte sie einfach das massive Schloss an meinem Pegasus-Rad durch. Zwei Freundinnen von mir sagten immer, meine Mutter könnte auch Astronautin sein, weil sie irgendwie alles kann. Es stimmt: Sie ist gebildet und eine weichherzige Mama, zugleich aber tough und durchgreifend. Aber jetzt ist sie schon älter, genau wie mein Vater, der bald in den Ruhestand geht und den ich fast noch nie so aufgeregt erlebt habe wie angesichts der Tatsache, dass er Großvater wird. Er hat sogar ganz ernsthaft seinen Namen ins Spiel gebracht: Helmut. Wir alle sind froh, dass meine Schwester eher dagegen ist. Das Kind wird es eines Tages danken.

Jedenfalls sagen meine Eltern beständig, dass sie sich aus allem raushalten, was sie aber doch nie tun, weil meine Familie, und ich bin eigentlich froh darüber, sehr meinungsstark ist. An diesem Wochenende zum Beispiel erzählte ich meinem Papa von einer feministischen Autorin, die ich toll finde.

»Aber du bist doch gar keine Feministin«, meinte er gleich.

»Doch.«

»Ne, Quatsch. Bist du nicht.« Und so weiter. Als ich einmal andeutete, dass ich gar nicht weiß, ob ich überhaupt Kinder will, sagte meine Mutter, dass sie glaubt, dass ich es bereuen würde. Sie hat das danach nie wieder gesagt, und ich weiß natürlich, dass sie es gut mit mir meint. Weil sie mich über alles liebt, wünscht sie sich, dass es mir eines Tages auch so geht, dass ich ein Kind habe, einen Augenstern. Sie kann sich das Leben ohne ihre beiden Töchter nicht vorstellen. Meine Eltern sind beide ihr Leben lang zufriedene Lehrer gewesen, ein glückliches Paar – und überglückliche Eltern. Sie sind froh und dankbar, dass meine Schwester und ich beide irgendwie ganz gut geraten sind und dass sie ihren Freunden stolz von uns erzählen können. Fehler, die ihre eigenen Eltern gemacht hatten, wollten sie nie wiederholen – bei vielen Dingen ist ihnen das geglückt, anderes kriegt man nicht so leicht raus aus der DNA.

Meine Eltern sitzen hier mit mir auf der Terrasse, der Garten ist zugewachsen mit grünem Allerlei, in den Beeten stehen die Rosen, an der Hecke wuchert es, wir halten Abstand und sitzen draußen, weil es unser erster Corona-Sommer ist. Ab und zu steht mein Vater aufgeregt auf, bückt sich stöhnend zu seiner Steinschleuder (er hat Rücken) und schießt mit Erbsen auf die fetten Tauben, die sich alle naselang im riesigen Ahorn niederlassen, der vom Nachbargrundstück zu uns herüberragt und den schönsten Schatten überhaupt spendet. Ich bin froh, dass meine Schwester nun ernst macht: Heiraten. Das Baby. Das nimmt mir den Druck.

In meiner Familie gelte ich zuweilen als nicht ganz normal, ohne dass ich so genau wüsste, wieso. »Doch, du bist total normal!«, ruft mein Vater empört, als ich erwähne, dass mein Schwager mich manchmal komisch findet. Ich übe auf dem Rasen Handstand, wie früher. In alte Rollen fällt man schnell zurück. Bin ich normal? Oder ist es schon nicht normal, nicht zu wissen, was man will? Ist das, was ich mache, nicht normal? Ja, ich schreibe für meinen Lebensunterhalt, und das könnte man vielleicht, großzügig interpretiert, als künstlerisch bezeichnen. Andererseits arbeite ich bei einer Tageszeitung, die nicht unbedingt als durchgeknallter Hippie-Laden bekannt ist. »Du bist nicht nullachtfuffzehn«, sagt meine Mutter liebevoll. Sie hat mir mal eine Karte geschenkt, die ich mir in meiner Studenten-WG an meine Zimmertür gehängt habe und die ich bis heute aufbewahre: Vor einem quietschrosa Hintergrund tanzt ein Schaf. Dazu der Satz: »Die höchste Form des Glücks ist ein Leben mit einem gewissen Grad an Verrücktheit.« Zwar sind die Menschen, die sich selbst als ein »bisschen verrückt« betiteln, in der Regel spießig, angepasst, langweilig und konventionell, doch mir hat diese Sicht der Dinge (der Satz stammt übrigens von Erasmus von Rotterdam) trotzdem gefallen. Es war nämlich auch die Art meiner Mutter, mir zu sagen: So, wie du bist, bist du okay. Das war zu einer Zeit, in der ich recht ziellos durch mein Germanistikstudium schwamm und hauptsächlich feiern ging. Und selbst ganz furchtbar unglücklich darüber war, mit meinem Kram nicht zurande zu kommen.

Ich frage mich trotzdem, ob meine Mutter ähnlich entspannt reagieren würde, würde ich mich endgültig gegen Kinder entscheiden. Und: Würde ich wirklich bereuen? Ich kann meinen Eltern ihr Elternglück nicht absprechen, im Gegenteil, ich habe ja immer davon profitiert. Reicht mein Anderssein so weit, dass ich mich von diesen Konventionen freisprechen kann, die es in meiner Familie gibt: dass nämlich, wer Kinder bekommt, erfüllter, netter und zufriedener ist? »Mein Gefühl, dass ich kein Kind will, ist das Gefühl, nicht zu jemandes Vorstellung von mir werden zu wollen«, schreibt Sheila Heti in ihrem Buch *Mutterschaft*.[2] Ich verstehe sie sehr gut.

Mich nervt es auch, nicht zu wissen, ob ich irgendwas von diesem Leben, in dem Kinder für mich als Frau vorgesehen sind, selbst will – oder ob es alle anderen von mir erwarten. Gleichzeitig weiß ich auch, dass ich meinen Eltern nicht dankbar sein muss. Ich bin es, aber ich bin ihnen eigentlich trotzdem keine Rechenschaft schuldig – so funktioniert das nun mal nicht, wenn man Leben in die Welt setzt. Doch nichts läge mir ferner, als ihnen wehzutun. Ihr Seelenheil ist auch für mich wichtig, so wichtig, dass ich dafür wahrscheinlich auch ein Kind kriegen würde.

Wenn der Kinderwunsch dich zerreißt

Es gibt Menschen, die mit einem unerfüllten Kinderwunsch leben müssen. Es gibt Menschen, die Kinder bekommen haben, obwohl sie eigentlich nie welche wollten. Es gibt Menschen, die überwinden Hürden und gehen steinige Wege, um sich ihren Wunsch nach Kindern zu erfüllen. Und es gibt Menschen, für die ist ein eigenes Kind die Erfüllung von allem, für die ist der Wunsch danach so groß, dass sie alles tun, um diese sie schier zerreißende Sehnsucht zu stillen; sie kämpfen bis zum Schluss. Katja ist so ein Mensch.

Katja, die eigentlich anders heißt, ist fünfundzwanzig Jahre alt, als sie zum ersten Mal ein Baby im Arm hält. Ihre Studienfreundin hat ein Kind bekommen, Notkaiserschnitt, vom Vater ist sie getrennt – also kommt Katja vorbei, um ihr beizustehen. Ihre Freundin kann ihr eigenes Baby nicht halten, ihr geht es körperlich zu schlecht. Katja nimmt stattdessen das Neugeborene auf den Arm. Sie hatte bis dahin eigentlich keinen Kontakt zu Kindern, ein Baby steht definitiv nicht auf ihrem Plan. Doch jetzt steht sie im Krankenhaus, neben dem Bett ihrer Freundin, und hält dieses winzig kleine Wesen fest. In dem Moment macht es klick. Sie weiß sofort: Das wünscht sie sich. Ein Baby. Ein eigenes Kind.

Also versuchen sie es, sie und ihr Freund. Und versuchen es. Wieder und wieder. Es tut sich: nichts. Katja hat vorher mehr als zehn Jahre lang die Pille genommen, ihr Körper muss sich erst mal umstellen. »Das war mir vorher gar nicht klar.« Ein Jahr später gehen sie ins Kinderwunschzentrum. Katja studiert noch, Jura, ihr Partner ist zwölf Jahre älter als sie. Sie machen die gängigen Tests. Das Spermiogramm ihres Freundes ist dann recht eindeutig: »Uns wurde ziemlich klar gesagt, dass wir beide auf natürlichem Wege wohl keine Kinder bekommen würden.« Eher gewinnen sie einen Sechser im Lotto, sagt der Arzt, als dass sie ein Kind zusammen bekommen. Katja ist gerade achtundzwanzig geworden, und ihre Hoffnung auf ein eigenes Kind geht gen null. »Für mich war aber immer klar: Ich mach das. Bis zum Ende. Egal, was ich auf mich nehme.« Sie will es also weiter versuchen, in der Kinderwunschklinik, mit künstlicher Befruchtung, egal, wie. Ihr Freund sträubt sich. So richtig wichtig ist es ihm eben nicht. Seine Schwester, ebenfalls kinderlos, mischt sich ein, hält zu ihrem Bruder. Katja fühlt sich alleingelassen. Kann sie sich damit abfinden, ihren Kinderwunsch niemals erfüllt zu wissen?

Sie machen Urlaub, Katja glaubt, sie hat abgeschlossen mit dem Thema. In diesem Monat macht sie zum ersten Mal keine Tests mehr, gibt zum ersten Mal ein bisschen auf. Trotzdem weiß sie ganz genau, dass ihr errechneter Eisprung in die Urlaubstage fällt. Nach mehreren Jahren Kinderwunschtherapie legt man solche Gewohnheiten nicht einfach ab. Als sie zurück sind, bleibt ihre Periode aus. Erst einen Tag, dann noch einen. Eine Freundin sagt: Du bist schwanger. Katja winkt ab. Sie weiß ja, dass sie nicht einfach schwanger geworden sein kann, so auf natürlichem Wege, bei den Werten. Und was, wenn doch? Von über hundert bei eBay gekauften Schwangerschaftstests ist noch genau einer übrig. Schließlich macht sie den Test. »Ich konnte ihn gar nicht weglegen, so schnell erschien neben der ersten Linie schon die zweite«, erzählt sie. Die Linie, diese hauchdünne Linie, diese klitzekleine Sache, die ihr etwas Riesengroßes mitteilt: Sie ist schwanger. »Wahnsinn.«

Die Zeit danach hat Katja später als eine sehr glückliche in Erinnerung – obwohl ihr die ersten vier Monate kotzübel ist, sie sich jeden Tag übergibt, obwohl sie ihr zweites Staatsexamen schwanger schreibt (und besteht). Obwohl sie und ihr Freund eigentlich nur heiraten, weil das dann wohl besser ist für das Kind. Obwohl ihr klar ist, dass ihr Mann, anders als sie, vielleicht nicht *all in* ist, was das Kind anbelangt. Gegen Ende der Schwangerschaft dann kommen die Schmerzen. Katja geht es plötzlich hundeelend. Wehen können es nicht sein, immerhin sind es noch fünf Wochen bis zum errechneten Termin. Im Krankenhaus stellt der behandelnde Arzt dann stark erhöhte Leberwerte fest. Man schickt sie trotzdem nach Hause. Sie fühlt sich krank, schlapp, hat weiterhin starke Schmerzen.

Von Tag zu Tag geht es ihr schlechter. Drei Tage später fährt ihr Mann sie ins Krankenhaus. Verdacht auf Schwangerschaftsvergiftung, heißt es. Aber genau wisse man es nicht. Dabei leidet Katja genau darunter: HELLP-Syndrom nennt sich das, eine hypertensive Schwangerschaftserkrankung, die für Mutter und Kind tödlich sein kann. Am nächsten Tag sagt der Arzt: Wir holen das Kind. Kaiserschnitt. Es kommt Katja heute vor wie Schicksal. Wie sie im Krankenhaus liegt. Wie die Ärzte den Kaiserschnitt machen, sie an sich hinabschaut und es gar nicht verstehen kann, dass der Teil ihres Körpers noch zu ihr gehört. Wie ihr Mann direkt nach der Geburt nach Hause geht, weil er müde ist. Wie sie ihr Kind erst zwölf Stunden nach der Geburt sehen kann, weil es ihr vorher zu schlecht geht. Und wie sie am Ende trotzdem nur glücklich ist: Ihrem Baby geht es gut. Ihr geht es gut. Sie nimmt einen gesunden Sohn mit nach Hause.

Die kleine Familie lebt nun zu dritt, und Katja ist in den ersten Monaten selig. Sie bleibt zu Hause bei ihrem Kind, ihr Mann geht voll arbeiten. Ihr Wunsch nach einem Kind hat sich erfüllt, und es fühlt sich genauso an, wie sie es sich vorgestellt hat – »nein, eigentlich besser«. Doch sie wünscht sich ein zweites Kind, eigentlich schon seit der Schwangerschaft. Ihr Partner will nicht. Die Beziehung bröckelt.

Insgesamt drei Jahre später sind sie endgültig getrennt. Katja hat nach der Geburt nur ein halbes Jahr in einer großen Kanzlei gearbeitet, um dann das zu tun, was sie eigentlich immer machen wollte. Sie schult um zur Übersetzerin, macht sich selbstständig, findet ein Büro. Sie ist jetzt mit einem neuen Mann zusammen – und ihr Wunsch nach einem zweiten Kind lässt sie nicht los. Doch ihr Freund ist fünfundzwanzig Jahre älter als sie, hat schon drei Kinder und möchte keine mehr. Eine Vasektomie hat er bereits vornehmen lassen. Irgendwann sagt er ihr endgültig: »Ich werde nicht derjenige sein, mit dem du noch ein Kind bekommst.« Katja hält an ihrem Wunsch fest. Irgendwann liest sie ein Buch über Co-Parenting-Modelle. Ihr Lebensgefährte findet die Idee gut, er fühlt sich entlastet. Er will sie unterstützen.

Sie recherchiert im Internet, meldet sich bei Familyship an, einem Portal, das Menschen mit einem Kinderwunsch miteinander verbindet. Sie lernt ein schwules Paar kennen, sie treffen sich. Katja ist sich gleich sicher: Das passt. Sie treffen sich immer wieder, die beiden Männer lernen ihren Sohn kennen, alle verstehen sich super, sind schon ein bisschen wie eine Patchworkfamilie. Bei dem Paar ist der Altersunterschied groß, ähnlich wie bei Katja und ihrem Partner. Das Sperma soll trotzdem der ältere Partner spenden, mit dem jüngeren hat es mehrmals nicht geklappt. Sie treffen sich, nicht nur zu Katjas Eisprung, aber vor allem dann. Wenn die Spermaprobe bereitsteht, ist Katja dran, das Paar spielt währenddessen mit ihrem Sohn. Sie injiziert sich das Sperma selbst mit einer Spritze.

Insgesamt sieben Monate lang versuchen sie es, sieben Zyklen lang, mehrmals im Monat. Es tut sich: nichts. Katja kennt das schon, die Enttäuschung auf allen Seiten ist trotzdem jedes Mal groß. Am Ende machen sie noch mal Tests. Ihre Hormone sind in Ordnung, das Spermiogramm aber ist sehr schlecht. Schon wieder. Die Wahrscheinlichkeit, dass es mit dem Sperma der Männer klappt, ist verschwindend gering. Das Paar versucht parallel, über einen Vermittlerdienst in den USA eine Leihmutter zu finden. Die Luft ist raus. Sie hören auf.

Katja würde den Kontakt gern halten, doch die beiden Männer schaffen es nicht. Zu groß ist der Schmerz darüber, was hätte sein können. Zu stark das Bedauern, dass die Familie, die sie sein wollten, immer nur in ihren Köpfen existiert hatte. Sie brechen den Kontakt ab.

Auch Katja muss auf die Füße kommen, muss den Rückschlag verkraften. Zusätzlich hat sie noch ihre Beziehung. Der Gedanke, dass es auch hier nichts wird mit dem zweiten Kind, belastet sie. Von ihrem Vorhaben hält er sie nicht ab. »Ich habe immer gesagt: Es gibt noch einen Weg.«

Katja sucht weiter. Sie hofft, dass es für sie klappen wird – es hat beim ersten Mal schließlich auch geklappt, *against all odds*. Sie trifft sich noch mit anderen schwulen Paaren, aber die Chemie stimmt nicht. Beim ersten Paar erscheint ihr die Beziehung zu instabil, und tatsächlich trennen sich die Männer. Das andere Paar will Katja nicht wirklich mit im Boot haben. »Die haben eigentlich eine Leihmutter gesucht und das auch recht offen gesagt.« Das hat mit ihren Wünschen nichts zu tun. Die Sehnsucht nach einem zweiten Kind in ihr brennt.

Im Internet lernt sie einen Mann kennen, der privat Samen spendet. Geld will er dafür nicht haben. Neun Spenderkinder hat er schon in die Welt gesetzt. Seine einzige Bedingung: Er will das Baby sehen. Mit seinen Kindern allein trifft er sich nicht, doch Mutter und Baby zusammen schon. Er schickt Katja Bilder von sich und den Babys. Seine eigene Ehe ist zerrüttet, aus ihr hat er einen Sohn, so alt wie der von Katja – und er hat sich immer eine Großfamilie gewünscht, so erzählt er es Katja. »Für ihn ist das auch ein großes Risiko«, sagt Katja. Die

Mütter seiner so gezeugten Kinder könnten ihn auf Unterhalt verklagen.

Sie verstehen sich gut. Katja kann sich vorstellen, dass er ihr Spender wird. Sie kennt seinen richtigen Namen, weiß, wo er arbeitet und wo er wohnt. Auf dem HIV-Test steht dann aber ein anderer Name. Er will doch lieber anonym bleiben, sagt er. Sie weiß nicht, ob sie ihm vertrauen kann. Doch sie ist inzwischen an dem Punkt, an dem sie vieles zu tun bereit ist.

Er bevorzugt die natürliche Methode. Will er also doch nur Sex? In den einschlägigen Foren, in denen Katja sich aufhält, sind durchaus auch Männer unterwegs, die vorrangig Geschlechtsverkehr suchen. Sie bespricht sich mit ihrem Lebensgefährten. Sie recherchieren wieder im Netz. Die Chancen auf eine Schwangerschaft sind höher, wenn sie mit dem Spender schläft. Ihr Partner geht mit der Sache entspannter um als sie. Sie findet die Vorstellung furchtbar. »Ich bin da nicht der Typ für, der mal eben so – und ohne ein Gefühl; das ist überhaupt nicht meins.«

Sie treffen sich in einem Hotel in der Nähe vom Bahnhof in einer großen Stadt. Ihr Lebensgefährte bleibt zu Hause und passt auf ihren Sohn auf. Sie merkt im Auto, dass sie eine Blasenentzündung bekommt. Trotzdem trifft sie sich in diesen Tagen gleich dreimal mit dem Spender, zieht es unter Schmerzen (wegen der Blasenentzündung) durch. Mit Lust hat das Ganze für sie rein gar nichts zu tun. Für ihn auch nicht, glaubt sie. Sie fragt sich, ob er mit Viagra nachhilft, so wenig Leidenschaft ist da.

Er hat ihr vorher erklärt, welche Hotels sich eignen. Katja bucht dann immer ein billiges Zimmer, für 30 oder 40 Euro. Sie treffen sich unten vor dem Hotel, gehen gemeinsam hoch, und eine halbe Stunde später ist alles vorüber. So geht das über viele Monate, und doch tut sich nichts bei Katja.

Einmal gibt es Streit. Normalerweise telefoniert sie mit ihrem Lebensgefährten, bis sie unten vorm Hotel steht und der Spender vor ihr steht. Wenn alles vorüber ist, 30 oder 40 Minuten später, ruft sie ihn direkt wieder an. Sie sind immer in Kontakt, das beruhigt nicht nur ihn, sondern auch Katja. Doch dieses Mal unterhalten sie und der Spender sich nach dem Geschlechtsverkehr noch eine ganze Weile, so lange jedenfalls, dass ihr Partner sich Sorgen macht: Drehen die eine zweite Runde? Finden die sich vielleicht doch toll? Als er Katja damit konfrontiert, ist sie sprachlos.

Es wird schwieriger mit den Treffen. Einmal haben sie Sex in seinem Büro, weil kein Hotel mehr frei ist. Für Katja werden die Begegnungen immer mehr zur Qual. Sie lässt sie über sich ergehen. Irgendwann kann sie nicht mehr. Sie glaubt, der Spender auch nicht, denn er sagt das Treffen für den kommenden Monat ab – er habe einen Unfall gehabt. Der Kontakt bricht ab.

Katja ist weiterhin rastlos. Sie hat nicht ewig Zeit, das weiß sie. Sie hört sich um. Offiziell gilt sie nun als alleinstehend in dem Verfahren. Sie ist ja nicht verheiratet, und ihr Partner will in den Prozess nicht involviert sein. Doch eine Frau ohne Partner oder Partnerin geht nicht einfach zur Samenbank – und fertig. Viele Samenbanken in Deutschland bieten ihren Service nur für Paare an. Katja hat Kontakt zu zwei Ärzten, die mit Samenbanken in Berlin kooperieren und auch alleinstehende Frauen befruchten. Allerdings verlangen diese Ärzte in einem vorher aufgesetzten notariellen Schreiben, dass die Mutter in spe jemanden angibt, der Unterhalt zahlt – sonst könnten sie selbst auf Unterhalt verklagt werden. Genau so eine Person kann und will Katja aber ja nicht angeben. Sie will das Kind allein bekommen. Eine Samenspende in Deutschland ist für Katja darum erst mal ausgeschlossen.

All die Rückschläge, all das Bangen und Hoffen und Verzweifeln – es tut Katja nicht gut. Sie zweifelt viel. Fragt sich, wie es weitergehen soll. Hat Angst, dass es doch nichts wird mit dem ersehnten zweiten Kind, sie einen weiteren Rückschlag einstecken muss, noch einen. Was hilft: Recherchieren. Sie findet eine private Klinik in Holland, bei der alle Konditionen stimmen. Die Klinik arbeitet mit Samenspenden aus Dänemark. Katja fährt hin, führt ein Gespräch mit einer Psychologin, lässt sich untersuchen. Vor der ersten Sameninjektion muss Katja eine Eileiterdurchgängigkeitsprüfung in Deutschland vornehmen lassen. Das Ergebnis: Beide Eileiter sind verschlossen – »und kein Mensch wusste es«. Darum also waren alle Bemühungen zuvor umsonst gewesen. »Sie waren doch vorher schon schwanger. Da rechnet kein Mensch mit«, sagt ihre Frauenärztin. Ihr Lebensgefährte will sie trösten. Dabei ist Katja eigentlich richtig froh: Endlich weiß sie, woran es gelegen hat in den letzten Jahren. Endlich hat sie Gewissheit. Und sie weiß auch schon, was sie als Nächstes tun wird.

Insgesamt sechsmal fährt sie noch nach Holland. Wenn sie morgens früh losfährt, schafft sie es an einem Tag hin und zurück. Sie besprechen dort die Ergebnisse der Eileiteruntersuchung. Bei Katja kommt nur eine In-vitro-Befruchtung infrage, eine einfache Insemination reicht nicht aus. Sie sucht einen Spender aus, »wie aus einem Katalog«. Sie kann sich deren Stimmen anhören, die Handschrift anschauen, die Spender haben außerdem alle einen Test auf emotionale Intelligenz gemacht. Es gibt von ihnen nur Kinderfotos zu sehen – und die Mitarbeiter der Samenbank geben zusätzlich eine Einschätzung ab, welchem Prominenten der jeweilige Spender ähnlich sieht. Katja sieht das Kinderfoto ihres Spenders und weiß: Der ist es. Ihr Spender wird von den Mitarbeitern der dänischen Samenbank mit dem Schauspieler Brian Austin Green verglichen. Katjas Entscheidung ist gefallen. 1500 Euro kostet das Sperma.

Sie soll sich melden, wenn sie das nächste Mal ihre Periode bekommt. Auf halber Strecke zur Klinik wohnt ihre Mutter. Katja erzählt ihr erst nichts. An dem Wochenende, an dem sie ihre Regelblutung bekommen soll, fährt sie zu ihr. Sie benachrichtigt die Klinik, obwohl sie noch gar nicht blutet. Eine Stunde später bekommt sie ihre Periode. Sie ist so erleichtert, dass sie ihrer Mutter von ihrem Vorhaben erzählt. »Glaubst du, du schaffst das alles?«, fragt die. »Ja.« Am nächsten Tag fährt Katja in die Klinik. Sie ist aufgeregt. Jetzt geht es also los.

Sie bekommt einen Kofferraum voller Medikamente mit, auf Eis. Jeden Abend zur selben Uhrzeit spritzt sie sich selbst in den Bauch – ein Medikament, das die Eizellen reifen lässt. Nach wenigen Tagen muss sie sich noch ein zweites Medikament spritzen, das den Eisprung unterdrückt. Sie geht zu ihrer Frauenärztin zum Ultraschall. Die findet sehr viele reife Eizellen. Die Klinik in Holland bestellt Katja umgehend ein. Auch die Ärzte in Holland finden viele reife Eizellen vor, sie entnehmen ihr dreizehn Stück. Zehn auf der einen Seite, drei auf der anderen. Obwohl Katja leichte Betäubungsmittel bekommt, hat sie das Gefühl, alles mitzubekommen. Die Punktion empfindet sie als extrem schmerzhaft. Von den Spenderspermien suchen die Ärzte dann die besten aus und versuchen, die Eizellen zu befruchten. Bei zehn Stück klappt es. Alle entwickeln sich weiter.

Zurück in Deutschland, hat Katja neun riesengroße Zysten und Flüssigkeit im Bauch. Das liegt an der Überstimulation infolge der Medikamente. Die Beschwerden, sagt die Gynäkologin einen Tag später, nehmen nach dem Einsetzen der befruchteten Eizelle normalerweise gleich wieder ab. »Kriegen Sie die Zeit irgendwie rum«, rät die Gynäkologin. Die Chancen stehen gut. Wieder einen Tag später fährt Katja erneut in die Klinik nach Holland. Eine der Eizellen wird Katja eingesetzt – mehr ist in den Niederlanden pro Prozedur nicht erlaubt. In Deutschland dürfen es bis zu drei Eizellen sein. Die anderen befruchteten Eizellen lässt Katja in der Klinik einfrieren. Zwölf Tage lang nimmt sie Progesteron – und googelt sich wahnsinnig, wie sie sagt. Sie fühlt sich genauso wie in jedem Monat davor. Und ist sich sicher: Es hat nicht geklappt.

Dann kehrt die Überstimulation zurück, Katja hat wieder Wasser im Bauch – ein Zeichen dafür, dass es geklappt haben könnte. Kann sie sich schon freuen? Eigentlich geht es ihr doch wie immer. Dann tut ihr die Brust komisch weh. Sie hat zwei Tage lang Gänsehaut. Sie wünscht sich, dass sie ihre Periode in der Nacht bekommt – alles besser als ein weißer Schwangerschaftstest am nächsten Tag. Sie träumt von drei positiven Schwangerschaftstests. Dann wird sie wach: Drei Uhr morgens. Besonders wirksam ist Morgenurin. Schnell googeln: Kann man nach nur fünf Stunden Schlaf schon von Morgenurin sprechen? Kann sie damit den Test machen? Um vier Uhr steht sie schließlich auf und macht den Test. Zum zweiten Mal in ihrem Leben kann Katja gar nicht so schnell gucken, wie da eine zweite Linie neben der ersten erscheint. Ihr erster Versuch in der Klinik – er ist sofort geglückt.

Ihr Lebensgefährte kann es gar nicht glauben, als sie es ihm noch am selben Morgen erzählt.

Sie ziehen zusammen. Für das zweite Kind wünscht Katja sich eine natürliche Geburt. Bloß keinen zweiten Kaiserschnitt! Die Ärzte sind wachsam, weil sie beim ersten Mal das HELLP-Syndrom hatte. Diesmal bekommt sie Schwangerschaftsdiabetes. Ihr ist wieder lange schlecht, bis in die 24. Woche. Das Kind liegt auf einem Nerv, sie kann mehrere Monate nicht auf einem Fuß auftreten. »Ich habe ziemlich viel mitgenommen«, sagt sie. Am Ende liegt sie mit erhöhtem Blutdruck im Krankenhaus. Die Ärzte leiten die Geburt ein, sehr vorsichtig, denn das Baby soll nicht zu stark auf die Kaiserschnittnarbe drücken. Katja bekommt Wehen, die kommen und wieder vergehen. Und dann versiegen. Dann stellt sich heraus: Sie hat wieder eine Schwangerschaftsvergiftung. Sie darf nicht mehr aufs

Handy schauen, der Fernseher wird rausgebracht, sie darf nur noch im Dunkeln liegen – erhöhte Krampfanfallgefahr.

Am Ende kommen doch Wehen, richtige Wehen. Zwölf Stunden lang, alle zwei Minuten. »Ich habe damit gerechnet, dass es schlimm werden würde – aber nicht so schlimm«, sagt Katja. Bei jeder neuen Wehe glaubt sie, sie wird ohnmächtig, so weh tut es ihr. Bis in die Fingerspitzen. Sie bekommt etwas gegen die Wehen, ist davon wie weggetreten. Im Bett neben ihr liegt ihr Lebensgefährte und schläft. Die Fruchtblase platzt, doch Katja kann sich nicht rühren. Presswehen setzen ein und eine halbe Stunde lang fühlt sich Katja, wie sie sich noch nie in ihrem Leben gefühlt hat. »Ganz bei mir.« All die Schmerzen, all die körperlichen Beschwerden, die sie auf sich genommen hat, scheinen in diesen großartigen Urschmerz zu münden – den ganz natürlichen Schmerz einer Geburt. Als die Hebamme kommt und kontrolliert, sagt sie: »Ihr Kind möchte kommen.« Die Hebamme und Katjas Lebensgefährte helfen ihr in den Kreißsaal, eine links, einer rechts, sie tragen Katja mehr, als dass sie sie stützen. Eine Wehe später ist ihr Baby da. Ihr Sohn. Endlich.

Katja ist vollkommen überwältigt von einem überbordenden Glücksgefühl. Ihr Lebensgefährte hat die ganze Geburt fotografiert, jeden Zentimeter mehr, den ihr Sohn auf die Welt, in den Kreißsaal kam. Sie schauen sich die Bilder wieder und wieder an. All die Schmerzen, all das Leid, all die Qualen im Kreißsaal – sie erinnert sich daran, ganz rational. Sie kann auch gut davon erzählen. Aber gleichzeitig ist der Schmerz vergessen.

Ihr Partner und sie ziehen den Sohn nun gemeinsam groß. Er ist jetzt genauso involviert wie sie, genauso eingenommen von diesem Wunder, das nicht über Nacht erschienen ist, sondern für das Katja hart und lange kämpfen musste. Sie will eine Sorgerechtsverfügung einrichten – doch dafür ist ihr Partner zu alt, er ist über sechzig. Ihr Lebensgefährte erkennt daraufhin die Vaterschaft an. Sie sind jetzt eine kleine Familie mit zwei

Söhnen. Einmal fragt er, ob sie es damals nicht doch direkt mit seinem Sperma hätten machen sollen. Aber dann wäre ihr Sohn nicht ihr Sohn, der er jetzt ist. Und sie sind glücklich darüber, wie es jetzt ist. Es fühlt sich richtig an.

Katja hat etwas gemacht, das früher so nicht möglich gewesen wäre. Hat sie deshalb gegen die Natur gekämpft? Hätte es eigentlich gar nicht sein sollen? Aber ihr Gefühl, ihre Sehnsucht – das ist doch auch Natur, oder, wie Katja sagt, »wie ein Urinstinkt«. Für sie ist der Sinn ihres Lebens: das Leben weitergeben. Für dieses Leben, für ihre Kinder hat sie gekämpft wie eine Löwin.

Sie hat ihrem Körper viel zugemutet in den letzten fünfzehn Jahren, die es gedauert hat, bis sie am Ziel war. Und auch ihre Seele hat ordentlich etwas abbekommen, bei all den Treffen mit neuen Spendern, mit Familienmitgliedern in spe, mit potenziellen Vätern. Nur ist es eben so, dass Katja sich die ganze Zeit treu geblieben ist. Ihre Sehnsucht brennen fühlte. Ihren größten Wunsch erfüllen wollte. Geändert hat sie sich auf dem Weg selbst gar nicht so sehr – eine Mutter war sie vorher schon. Wie eine Mutter fühlte sie sich schon immer. Aber jetzt ist sie eine Mutter mit zwei Kindern.

***

Eine Sehnsucht, wie Katja sie beschreibt, wie Katja sie gefühlt hat, von der sie sich fast zerrissen fühlte – eine solche Sehnsucht habe ich noch nie gespürt. An keinem Tag, in keiner Minute. Ich habe sie mir nie vorgestellt, ich habe noch nicht mal angefangen, einen Gedankenumriss dieser Sehnsucht zu zeichnen, nicht mal mit Bleistift; ich habe noch nicht einmal davon geträumt. Es versetzt mir höchstens manchmal einen Stich, wenn ich zum Beispiel ein Baby sehe. Vielleicht erinnert es mich daran, wie anders mein Leben sein könnte. Vielleicht erinnert es mich auch daran, dass es da gewisse gesellschaftliche Erwartungen an mich gibt.

Ich bewundere Katja für ihre Stärke, ihren unermüdlichen Einsatz dafür, glücklich zu sein. Ich freue mich sehr für sie, dass sie ihre Sehnsucht stillen, ihren Traum erfüllen konnte, dass ihr beschwerlicher Weg nicht umsonst war.

Und ich frage mich: Was wäre in ein paar Jahren, wenn ich es doch probieren wollte – und dann klappte es nicht? Paaren mit Kinderwunsch wird immer geraten, erst einmal optimistisch und gelassen davon auszugehen, dass körperlich alles in Ordnung mit ihnen ist. Sie sollen in Ruhe probieren, auf natürlichem Wege schwanger zu werden. Was aber, wenn es bei mir trotzdem nicht klappen will? Bei der Frauenärztin ist immer alles okay, aber meine Periodenbeschwerden werden seit Jahren stetig stärker, und irgendwo habe ich gelesen, dass das ein Zeichen dafür sein könnte, dass die eigene Fruchtbarkeit abnimmt. Der Körper signalisiert mir quasi jeden Monat: Ich bin bereit! Wenn nicht jetzt, wann dann? Blöd nur, dass der Rest von mir nicht bereit ist. Ich könnte meine Fruchtbarkeit messen lassen, nur, was würde ich anfangen mit diesem großen Wissen? Was, wenn ich unfruchtbar wäre? Würde es mich runterziehen oder hochpushen, würde es mich fertigmachen oder erleichtern? Wenigstens müsste ich dann keine Entscheidung mehr treffen, denke ich manchmal. Und was, wenn ich superfruchtbar wäre? Wäre ich es irgendwem schuldig, diese Fruchtbarkeit zu nutzen? Wenn nicht der Gesellschaft, dann vielleicht meinem Körper, der ächzt unter der Last, weiblich und voller unbefruchteter Eier zu sein?

Woher kommt eigentlich der Kinderwunsch?

Mein Blick auf Babys hat sich verändert. Ich fand sie schon immer süß, nicht weil ich eine Frau bin und man das von Frauen so erwartet, sondern weil ich kleine, drollige Wesen immer süß finde. Auch Hundewelpen oder Katzenbabys gefallen mir wirklich sehr gut. »Babyishness« oder auch »Kindchenschema« nennt sich das Phänomen, wenn man kleine Wesen mit höherem Fettanteil und großen, runden Augen und generell anderen Proportionen als bei Ausgewachsenen besonders süß findet. Heute fallen mir Menschenbabys allerdings stärker auf als Tierbabys. Ich merke es, wenn eines im Raum ist. Ich nehme das Baby einer Freundin auf den Arm und rieche ganz vorsichtig den Milch-und-Honig-Duft seines Kopfes (das ist nicht ausgedacht, das Kind riecht wirklich danach), halte es und weiß nicht, wohin mit mir.

Das Baby macht ganz viel mit mir, löst diverse Gefühle aus, die ich zum größten Teil nicht einordnen kann. Über seinen Händen, dort, wo sonst das Handgelenk zu sehen ist, reihen sich kleine Speckwülste übereinander, in die ich vorsichtig reindrücke. Dieses Baby ist ein Wunder der Natur, das ist mir klar. Es ist nicht hier, um von mir gemocht und geschmust zu werden, so wie der kleine Hund, den ich mir seit Langem wünsche, für den ich aber einfach keine Zeit hätte. Es ist hier, um von mir mit kratzbereiten, ausgefahrenen Nägeln beschützt zu werden. Es ist hier, um größer und stärker und klüger zu werden. Es ist hier, um mir das Herz zu zerreißen. So kommt es mir zumindest vor.

Woher kommen diese Gefühle? Warum habe ich überhaupt so ein verwirrend unklares Sehnen nach einem Baby, einem Kind in mir? Will ich deshalb ein Kind, weil mir die Gesellschaft das vorlebt? Wie im nächsten Kapitel noch deutlicher werden wird, ist in Deutschland der sogenannte Muttermythos besonders ausgeprägt, weil insbesondere in der NS-Ideologie das Ziel einer deutschen Frau einzig und allein das Gebären vieler kleiner Deutscher sein sollte.

Immer wieder begegnet einem aber auch das Argument, dass der Kinderwunsch gerade bei Frauen quasi angeboren sei. Eine Laune der Natur. Wenn es nach unseren biologischen Bedürfnissen geht, so die Verfechter dieser Theorie, wollen unsere Körper nichts lieber tun, als sich zu reproduzieren.

Ich war nie ein Fan von biologisch begründeten Argumenten, wenn es um die Unterschiede der Geschlechter geht. Wenn Menschen mir weismachen wollen, dass Männer eben »von Natur aus« lieber zur Arbeit gehen und Frauen lieber zu Hause bleiben, kann ich nur müde lächeln. Ich halte das für Quatsch. Die nigerianische Schriftstellerin Chimamanda Ngozi Adichie hat in ihrem berühmten TED Talk »We should all be feminists« gesagt: »Manche Menschen werden die Evolutionsbiologie und Affen anführen und darauf verweisen, dass etwa weibliche Affen sich vor männlichen Affen verneigen – solche Sachen. Aber der Punkt ist: Wir sind keine Affen. Affen leben auch auf Bäumen und essen Erdwürmer. Wir machen das nicht.«[3] Ich finde, damit ist eigentlich alles gesagt. Rein auf der Biologie beruhende Argumente sind in Diskussionen, die sich um das Hier und Jetzt drehen, das seit Jahrtausenden kulturell geprägt ist, jedenfalls selten allein gültig.

Trotzdem: Unsere Gene beeinflussen uns. Es interessiert mich, was aus evolutionsbiologischer Sicht dazu führen könnte, dass Menschen sich Kinder überhaupt wünschen. Dass sie sich reproduzieren wollen. Ich rufe Axel Meyer an, der ein renommierter Evolutionsbiologe und ein viel kritisierter Autor ist. In seinem Buch *Adams Apfel und Evas Erbe* schreibt er von einer »Genderideologie« (was er auch in Gastbeiträgen etwa in der *Neuen Zürcher Zeitung* wiederholt) und davon, dass die Gender Studies sich nicht an Fakten halten, die Biologie aber schon. Seine Ausführungen wurden von vielen als sexistisch aufgefasst, wogegen er sich unter anderem mit der Aussage verteidigte, er sei Feminist. Auf meine Interviewanfrage reagiert er freundlich, und ich bin gespannt. Tatsächlich habe ich zu Beginn unseres Telefonats das Gefühl, dass Meyer sich vor mir rechtfertigen will. Dabei habe ich ihn da noch gar nichts Kritisches gefragt, nur gesagt, ich hätte einige Interviews mit ihm gelesen. Im Gespräch finde ich ihn eigentlich sehr nett und überhaupt nicht so provokant wie in den Thesen seines Buchs über Gender und Männer und Frauen, von denen ich den meisten nicht zustimmen würde.

Meyer erzählt mir: »2008 und 2009 war ich mit meiner Frau im Wissenschaftskolleg in Berlin, und das war das erste Mal, dass ich das Wort ›biologistisch‹ überhaupt gehört habe. Die meisten Kulturwissenschaftler haben überhaupt keinen Kontakt zu Naturwissenschaftlern – und umgekehrt.« Die negative Konnotation von biologistischem Argumentieren sei ihm vorher gar nicht bekannt gewesen. »Viele meiner Freunde sind Evolutionsbiologen, die ähnlich denken.« Wir lachen beide. Er sagt, es sei für ihn umso interessanter gewesen, die kulturwissenschaftliche Sichtweise kennenzulernen. Auf meine Frage, ob er dieser denn auch etwas abgewinnen könne, ruft er: »Natürlich! Natürlich! Es war spannend, diese andere Sicht auf die Welt kennenzulernen. Ich sage immer: Der Mensch ist die kulturellste aller Tierarten. Wir lernen am meisten voneinander, geben unheimlich viel weiter.«

Das ist für Meyer die Grundthese, die man annehmen muss, um die evolutionsbiologischen Argumente nachzuvollziehen: Dass der Mensch ein Tier ist, mit einer sehr, sehr langen evolutionären Vorgeschichte. »Auch der Mensch ist ein Produkt der Evolution«, sagt Meyer. »Man kann durch das Studium anderer Tierarten, insbesondere unserer nächsten Verwandten, viel lernen. Wir sind ja nicht separat erschaffen worden.«

Die entscheidende Frage ist doch aber: Wie weit ist unser Verhalten heute noch biologisch zu begründen? »Das hängt vom Einzelfall ab«, meint Meyer. »Es gibt biologische Erklärungen für unser Verhalten und kulturelle Prägungen.« In welchem Maße die Natur noch greift, »hängt auch davon ab, was erforscht wird«. Erblichkeit, so Meyer, könne nur in einer bestimmten Umwelt gemessen werden. Und nichts sei nur genetisch oder nur umweltbedingt. »Es ist fast immer etwas von beidem. Als Evolutionsbiologe vertrete ich den Standpunkt, dass sich viele unserer Verhaltensweisen aus der Evolution ergeben.« Schon verständlich, bei dem Beruf. Gerade Unterschiede zwischen den Geschlechtern, sagt Meyer, seien biologisch leicht zu erklären. Aber: »Es ist selbstverständlich kompliziert, dies genauer zu erforschen. Wir können keine Kaspar-Hauser-Experimente machen.«

Warum also wollen Menschen, evolutionsbiologisch begründet, Kinder bekommen? »Männer«, so Meyer, »sollten möglichst viele Kinder haben und möglichst viele Frauen befruchten wollen, um ihre eigenen Gene und die Gene ihrer Verwandten in der nächsten Generation besonders häufig repräsentiert zu haben.« Und Frauen? »Genauso. Das Diktat der biologischen Fitness betrifft beide.«

Interessant an der evolutionsbiologischen Begründung Meyers ist für mich, dass wir unser Leben entgegen dieser Motivation gestalten. In Deutschland leben die meisten Menschen noch immer monogam, den eigenen Samen möglichst weit zu verbreiten klappt da nicht. Meyer stimmt mir zu. »Ein Argument, das dafür spricht, dass Monogamie eher nicht die ursprüngliche Sache des Homo sapiens ist, ist die Größe der Hoden.« Menschen produzierten viel mehr Samen, als eigentlich gebraucht würde. Solche anatomischen Hinweise sprechen laut Meyer dafür, dass Monogamie nicht biologisch begründet ist. »In vielen Kulturen leben die Menschen ja sowieso polygam, meist seriell oder sogar simultan.« Die Ehe als monogame Beziehungsform ist aus soziologischer Perspektive übrigens deswegen eingeführt worden, weil der Mann kontrollieren wollte, dass die Kinder auch wirklich von ihm sind.

Wenn ich mir also anschaue, wie wir Menschen in den vergangenen Jahrhunderten und Jahrtausenden gelebt haben, dann hat das nicht mehr viel mit dem evolutionsbedingten Willen zur Fortpflanzung zu tun. Wir handeln »wider unsere Natur«, so Meyer. »Wir weißen westlichen Akademiker machen in dieser Hinsicht ja alles falsch, weil wir viel zu spät und viel zu wenig Kinder bekommen.« Ihm ist klar, dass der Kinderwunsch, den Menschen heute verspüren, nicht mehr rein evolutionsbiologisch zu begründen ist. »Das ist nicht die einzige Erklärung. Aber es ist für mich die Anfangserklärung, die es zu widerlegen gilt.«

Die Erklärungen der Biologie leuchten mir ein. Ich glaube auch, dass wir unsere biologische Prägung sicher nie ganz abgeschüttelt haben, müssen wir ja auch gar nicht. Doch wir Menschen haben uns schon recht weit von evolutionsbiologischen Beweggründen entfernt, uns zu kulturellen und sozialen Wesen entwickelt. Ich frage mich, welche Erklärung die Soziologie dafür hat, dass wir Menschen uns heute überhaupt noch fortpflanzen. Andere Dinge, etwa die Polygamie, haben wir ja auch hinter uns gelassen (zumindest manche von uns).

Eine umfassende soziologische Abhandlung zu dem Thema

stammt aus dem Jahr 1973.[4] Die Autoren Lois und Martin Hoffman stellen darin fest, dass sich bis dahin kaum jemand damit beschäftigt hat, warum Menschen sich Kinder eigentlich aus einer emotionalen Motivation heraus wünschen. Es sei stattdessen fast immer nur um ökonomische Überlegungen gegangen. Dabei verändern sich die Zeiten. Bekamen Menschen in den vergangenen Jahrhunderten Kinder, um sich wirtschaftlich abzusichern, um das Feld zu bestellen, um eine Altersvorsorge zu haben und, last but not least, weil sie nicht verhüten konnten, so haben sich die Gründe in den vergangenen Jahrzehnten stark verändert. Lois und Martin Hoffman führen insgesamt neun Motive an, die ihrer Meinung nach erklären, was den Wert von Kindern in der Gesellschaft heute ausmacht. Demnach ist es die Gesellschaft, die unseren Kinderwunsch formt: Wir wollen sein wie alle, wollen der Norm entsprechen, gleichzeitig aber unsere Identität durch Kinder stärken. Wir erhoffen uns Spaß und Kreativität und wir gehen davon aus, dass wir der Gesellschaft nützen, wenn wir Humankapital beisteuern, also Kinder kriegen.

Die Soziologie-Professorin Michaela Kreyenfeld, die an der Hertie School in Berlin lehrt, erklärt es mir am Telefon noch einmal genauer. Kinder seien früher ein Garant für eine Alterssabsicherung gewesen. »Die großen Umbrüche im Rückgang der Kinderzahlen werden mit dem Wandel des Nutzens von Kindern erklärt. Wir arbeiten überwiegend nicht mehr auf dem Feld, da braucht man sie nicht mehr.« Warum will man heute überhaupt noch Kinder, wenn die Altersversicherung nun auch staatlich gewährleistet wird? »Daran arbeiten wir Soziologen uns unter anderem ab«, antwortet Kreyenfeld. »Wir versuchen empirisch zu erfassen, warum und wie viele Kinder sich die Menschen heute wünschen.«

Heute stünden ganz andere Dinge im Vordergrund, wenn es darum geht, Kinder zu kriegen. Andere Bedürfnisse und

Präferenzen. »Liebe, Gegenüberspiegelung im anderen, Familie.« Das sehe man auch bei Patchworkfamilien, sogenannten Fortsetzungsfamilien. »Wenn Leute schon Kinder haben, bekommen sie mit einem neuen Partner oft noch ein weiteres Kind – weil sie mit dem auch noch mal eine Familie konstituieren wollen. Familie wird als Wert gesehen, mit dem man den Partner bindet und die Beziehung festigt.« Über Muttersein und Vatersein definiert man außerdem noch immer einen gewissen Status in der Gesellschaft. Man hat etwas geleistet, einen Beitrag in Form von neuen Erdenbürgern (und zukünftigen Steuerzahlern).

Dass ich mich seit etwa einem Jahr frage, ob ich mir Kinder wünsche, ist laut Michaela Kreyenfeld übrigens recht eindeutig zu erklären. »Die dreißig ist nicht in Stein gemeißelt, aber das Durchschnittsalter, in dem Frauen derzeit Kinder bekommen.« Im Jahr 2019 waren Mütter in Deutschland bei der Geburt ihres ersten Kindes durchschnittlich 30,1 Jahre alt. In genau diesem Alter habe ich diesen bestimmten Druck verspürt. Mich gefragt: Muss ich auch?

Aber wollen wir heute denn wirklich nur noch aus kulturellen und emotionalen Gründen Kinder? Sind Kinder unser emotionales i-Tüpfelchen, das unseren German Dream von Heirat, Kind und Eigenheim perfekt macht? »Es gibt Kollegen, die sehen das anders«, meint Kreyenfeld dazu. »Eine Kollegin etwa hat über die Mädchenpräferenz in der ehemaligen DDR geschrieben. Wenn ein Paar zwei Söhne hatte, hat es eher noch mal versucht, ein drittes Kind zu bekommen – in der Hoffnung auf eine Tochter. Dahinter steckte der Wunsch, ein Mädchen zu bekommen, weil die sich später mit höherer Wahrscheinlichkeit um die pflegebedürftigen Eltern kümmern würden.« Ein durchaus ökonomisches Argument. Viele Menschen, so Kreyenfeld, sorgten sich außerdem vor Einsamkeit im Alter. Allerdings: Auch hier sei die empirische Evidenz dünn. »Die Lebenszufriedenheit von Leuten mit Kindern und von Kinderlosen unterscheidet sich im Alter gar nicht so deutlich.«

Ich skype noch mit einem weiteren Soziologen, Johannes Kopp, Professor an der Universität Trier. Seiner Meinung nach ist die Interaktion mit Kindern für uns Menschen generell etwas Positives. »Man sieht Kinder gerne aufwachsen, man hat Kinder gern um sich.« Das sei ein gängiges Motiv: »Dass Kinder einen Wert an sich darstellen.«

Beziehungen und Kinder, das sagen mir sowohl Kopp als auch Kreyenfeld, sind für uns Menschen etwas, das einfach zum Leben dazugehört. Auch wenn der Lebensweg gesellschaftlich vielleicht nicht mehr so eindeutig vorgeschrieben ist, haben die meisten Menschen doch nach wie vor eine sehr genaue Vorstellung davon, was dem einen, guten Leben nicht fehlen darf.

Trotzdem lassen wir uns viel öfter scheiden und kriegen immer weniger Kinder als früher. Der Vorstellung, die wir von uns selbst und unserem Leben haben oder die wir zumindest glauben haben zu müssen, entsprechen wir also gar nicht mehr. »Es gibt eine Studie, die untersucht hat, wie die Fertilität, also das ›Kinderkrieg-Verhalten‹, sich verändert hat«, sagt Kopp. »Die Studie betrachtet die unterschiedlichen Jahrgänge im Beziehungsverlauf. Das Ergebnis war eigentlich recht einfach: Es hat sich nichts geändert. Innerhalb von Beziehungen bekommen die Frauen unverändert oft Kinder.« Was aber hat sich dann geändert? »Die Zahl von Beziehungen. Man findet nicht mehr so oft den richtigen Partner. Wenn man heute nicht mehr zufrieden ist, wenn in Beziehungen etwas ernsthaft nicht mehr stimmt, dann löst man's auf.« Was er, Kopp, durchaus gut finde. Auch ich denke: Die Scheidung ist immerhin ein Instrument, das Frauen viel Freiheit und Unabhängigkeit beschert hat und sie auch vor großem Unglück, vor Unterdrückung und Gewalt schützt.

Wir sind heute also wählerischer, was unsere Partner angeht, finden den richtigen Partner oft auch immer später – und kriegen dementsprechend seltener Kinder.

Unterscheidet sich aus soziologischer Sicht denn der Kinderwunsch bei Männern und Frauen? »Der Kinderwunsch bei Männern ist oft ein bisschen diffuser als bei Frauen, weil die Umsetzung des Kinderwunschs dann häufig doch eher von der Partnerin abhängt«, sagt Michaela Kreyenfeld. Das fasziniert mich. »Diffus« ist genau das Wort, mit dem ich auch meine eigenen Gefühle zu diesem Thema beschreiben würde.

»Ich denke«, entgegnet Kreyenfeld, »die meisten Wünsche, die wir haben, sind diffus. Ob wir heiraten oder nicht heiraten – das sind alles diffuse Wünsche. Ob sie sich dann in Verhalten manifestieren, hängt von vielen Dingen ab. Das sind die Rahmenbedingungen, die uns im Lebenslauf treffen – oder auch nicht treffen.«

Vielleicht, dämmert es mir, ist es also ganz normal, dass das Bedürfnis nach Kindern und Familie und Heirat nicht klar ausformuliert in mir liegt und glänzt, sondern unbestimmt und latent vor sich hin wabert. Genauso diffus habe ich allerdings, das muss ich zugeben, auch den Wunsch nach einer Beförderung in mir. Den Wunsch, noch mal in Berlin zu leben oder in London. Den Wunsch, eines Tages irgendwo Chefin zu sein. Den Wunsch, mehr Zeit mit meiner Familie zu verbringen, entschleunigter zu leben, weniger zu arbeiten, aber dank irgendeines Geldsegens trotzdem gut leben zu können. Den Wunsch, jeden Morgen zu meditieren und ausschließlich vegan zu leben.

Was aus statistischen Erhebungen zumindest deutlich hervorgeht: Kinder und Ehe machen die meisten Menschen tatsächlich glücklicher. »Die empirische Evidenz«, so Kreyenfeld, »ist da schon ziemlich klar, dass die Lebenszufriedenheit von Eltern im Jahr der Geburt des Kindes extrem nach oben geht – gerade bei der Geburt des ersten Kindes.« Die gehe dann allerdings auch schnell wieder runter. »Aber erst einmal ist die Geburt des Kindes für die Mehrzahl der Menschen ein Ereignis, das mit sehr vielen positiven Dingen verbunden wird.« Na, immerhin. Warum aber zweifle ich, zweifeln immer mehr Frauen an diesem Lebensweg, an diesem ausbuchstabierten Traum vom eigenen Kind?

Michaela Kreyenfeld meint dazu: »Die normativen Kräfte unserer Gesellschaft sind einfach nicht mehr so groß, dass Familie, Heirat, Kinder der vorgezeichnete Lebenslauf sind. Die Soziologen versuchen es mit dem Schlagwort ›Individualisierung‹ zu beschreiben. Das ist so gemeint, dass die gesellschaftlichen Normen nicht mehr vorgeben, was zu tun ist. Der biografische Spielraum ist größer geworden.«

Du willst ein Kind in die Welt setzen – in *diese* Welt?!

Überbevölkerung, Wirtschaftskrisen, Kriege und Klimawandel bedrohen den Planeten, und in der Corona-Pandemie ist noch einmal besonders deutlich geworden, wie schnell die Weltordnung ins Wanken geraten kann, wie schnell Altbekanntes umgestürzt und unser Wertesystem durchgerüttelt werden können.

In Großbritannien gibt es die Bewegung »Birthstrike«, das sind junge Frauen, die sich bewusst dafür entscheiden, keine Kinder zu bekommen, um so das Klima zu retten. Eine Studie, die 2017 von schwedischen Forschern der Universität Lund veröffentlicht wurde, besagt, dass man 58,6 Tonnen CO_2 einspart, wenn ein Kind weniger geboren wird.[5]

Sollte man also der Umwelt zuliebe auf Kinder verzichten? Das Argument, in diese Welt besser keine Kinder zu setzen, ist nicht neu, der Gedanke beschäftigte schon Existenzialisten, die sich, wie Heidegger gesagt hätte, »in die Welt geworfen« fühlten – ungefragt. Tatsächlich lautete die Prognose der UNO lange Zeit, dass die Weltbevölkerung bis zum Jahr 2100 auf 11 Milliarden Menschen wachsen würde. 2019 wurden diesen Hochrechnungen erstmals infrage gestellt, 2020 dann von Forschern widerlegt: Ihren Berechnungen zufolge wird die Weltbevölkerung 2064 ihren Höhepunkt mit 9,7 Milliarden erreichen und danach wieder schrumpfen. Am Ende des Jahrhunderts sollen dann 8,8 Milliarden Menschen auf der Erde leben. Trotzdem, leugnen kann man es nicht: Das, was den Planeten wirklich belastet, ist der Mensch mit seinem enormen Ressourcenverbrauch, seinen ausufernden CO_2-Emissionen, der Abholzung der Regenwälder und der Verschmutzung der Weltmeere.

Im CO_2-Rechner des Bundesumweltministeriums mache ich den Test: Meine CO_2-Bilanz ist mit 6,3 Tonnen im Jahr eher gering, wenn auch eine strikt vegetarische Ernährung sicher besser wäre. Dafür habe ich kein Auto, kaufe möglichst viel bio und regional (weil ich es mir leisten kann) und versuche, möglichst selten zu fliegen. Trotzdem: Auch meine Bilanz ist nicht gerade gut, obwohl ich laut CO_2-Rechner viel weniger verbrauche als der Durchschnittsbürger. Um das Zwei-Grad-Klimaziel zu erreichen, dürfte der Pro-Kopf-Ausstoß bei gerade einmal 2,2 Tonnen im Jahr liegen.

Eine philosophische Strömung, die all diese Gedanken, die gegen das Kinderkriegen sprechen, zusammenfasst und für sich reklamiert – also Klimaschutz, Überbevölkerung und das Gefühl, in die Welt geworfen worden zu sein –, ist der Antinatalismus. Seine Anhänger und Fürsprecher sind der Ansicht, dass niemand mehr Kinder kriegen sollte. Sie plädieren für ein friedliches Aussterben der Menschheit. Mit dem europäischen Sprecher der Bewegung, Théophile de Giraud, habe ich schon 2018 für einen Zeitungsartikel gesprochen. Er riet mir damals dazu, bei einem drängenden Kinderwunsch zu adoptieren. Mit meiner Arbeit als Journalistin, sagte er, könne ich viel mehr für die Gesellschaft tun als mit einem Kind, von dem man ja nie klar wissen könne, ob es wirklich eine Bereicherung sein würde. Das klingt nicht nur negativ, sondern im ersten Moment fast menschenfeindlich – dabei ist Théophile einer der nettesten, klügsten und friedfertigsten Menschen, die ich je getroffen habe. Er ist Feminist, Pazifist, Antifaschist. Er ist aber eben auch dagegen, dass die Menschen die Erde weiter zugrunde richten. Er glaubt, dass die Erde ohne uns Menschen besser dran wäre.

Ein anderer Antinatalist, der in Deutschland lebt und arbeitet, ist Karim Akerma. Akerma ist in Hamburg, ich in Köln, beide in Selbstisolation, als wir miteinander telefonieren. Akerma ist promovierter Philosoph, seine Habilitationsschrift wurde allerdings nicht akzeptiert: Wer die Menschen dazu aufrief, auszusterben, wurde Mitte der Neunzigerjahre gerügt. Akerma glaubt, dass dies heute anders wäre. In jedem Fall hat er inzwischen mehrere Bücher über den Antinatalismus veröffentlicht, darunter das über 700 Seiten dicke *Handbuch des Antinatalismus*, das mir auch Théophile de Giraud schon ans Herz gelegt hat.

»Antinatalismus ist nicht nur eine Bewegung«, erklärt Akerma am Telefon. Er ist ebenfalls unfassbar freundlich – er klingt so, als würde er beim Sprechen viel lächeln. »Die Wurzeln des Antinatalismus reichen bis in die griechische Antike zurück. Da gab es den Ausruf: ›Ach, wäre ich nie geboren worden!‹« Meine Anmerkung zu Freddy Mercurys »Sometimes wish I'd never been born at all« begeistert Akerma ziemlich. »Das ist großartig, dass Sie das kennen!« Als Antinatalismus könne man diese Gedanken aber noch nicht bezeichnen. »Der beginnt dort, wo Denkerinnen und Denker aus der eigenen Misere heraus auch auf andere schließen.« Dann sei es schließlich Ethik.

Die Frage nach der Fortpflanzung gilt vielen Menschen als äußerst privat, nicht so Akerma. »Ich bin als Philosoph und Ethiker der Auffassung: Das ist keine private Frage, weil es eben Betroffene gibt.« Die Betroffenen sind in diesem Fall die Kinder selbst. Die man eben nicht vorher fragen kann, ob sie Lust haben auf das Leben. Und ebendeshalb fordern die Antinatalisten, das Kinderkriegen gleich bleiben zu lassen.

Die Grundidee dieser Philosophie ist folgende: Ein Leben ohne Schmerz ist das erstrebenswerteste. Es kann aber kein menschliches Leben ohne Schmerz geben, schließlich fängt es schon mit unerträglichen Schmerzen an: Da ist die Mutter auf der einen Seite, die beim Gebären Unsägliches erleiden muss, und da ist das Baby auf der anderen Seite, das dabei sein erstes Trauma erlebt – rausgerissen aus dem gemütlichen, dunklen, warmen, feuchten Mutterleib, hineingeworfen in die kalte, laute, grelle Welt, ins Leben eben.

Sehr viele Menschen sehen das anders, weniger dramatisch, und würden sagen: Es stimmt, ein Leben ohne Schmerz gibt es nicht. Aber der Schmerz muss unser Leben nicht zwingend bestimmen. Körperliche Schmerzen vergehen, nicht immer, aber oft. Seelische Schmerzen brauchen Zeit, lassen sich aber häufig in den Griff bekommen. Und gerade dann, wenn wir einen starken Schmerz überwunden haben, gerade dann, wenn wir wissen, wie Schmerzen oder Unglück sich anfühlen, sind wir in der Lage, die Momente ohne Schmerz bewusst wahrzunehmen und wertzuschätzen, uns gut zu fühlen, glücklich zu sein. Ohne Schmerz würde diese Dimension fehlen. Nach überwundenen Krisen ist man, frei nach Kelly Clarkson, oft ein stärkerer Mensch.

Akerma hält von der »What-doesn't-kill-you-makes-you-stronger«-Theorie nicht viel. Er glaubt: Unser Unterbewusstsein gaukelt uns das nur vor. Unsere Psyche ist schlau, sie lässt uns Schmerzen viel schneller wieder vergessen als Freuden. Unser Schmerzgedächtnis ist nicht so akkurat wie zum Beispiel unser Urlaubsgedächtnis. Wenn wir große Schmerzen erleben, geht es uns ganz furchtbar schlecht, meint Akerma, und bezieht sich dabei sowohl auf körperliche als auch auf seelische Schmerzen. »Aber später erinnern wir uns an sie gar nicht mehr so stark.« Er ist überzeugt, dass das nur ein Trick unseres Bewusstseins ist, damit wir dieses Leben eben irgendwie ertragen. Er glaubt nicht daran, dass Schmerzen jemanden stärken. Weil es ohne eben doch immer besser ist.

»Die Grundlage des Antinatalismus ist dieser Satz: Handle

so, dass ein anderer Mensch als Folge deiner Handlungen nicht sterben muss.« Und wenn ich ein Kind gebären würde, würde es als Folge dieser Geburt irgendwann sterben. Klar. »Bislang hat noch nie jemand erklären können, warum die Menschheit dem Satz widersprechen darf, um sich fortzupflanzen«, sagt Akerma. Mir kommt das ein bisschen wie die Frage nach dem Huhn und dem Ei vor. Was war zuerst da: der Schmerz oder das Baby?

Akerma ist in seinem Antinatalismus sehr konsequent, konsequenter noch als Théophile de Giraud. Seiner Ansicht nach sollten nicht nur Menschen aussterben, sondern auch Tiere: Auch sie leiden, auch sie fühlen Schmerz, auch sie müssen irgendwann sterben. Er selbst lebt vegan: »Ich trage meinen kleinen Teil dazu bei. Viele Antinatalisten sehen sich als Anwälte der Tiere. Wir setzen uns auch für bessere Haltungsbedingungen ein.«

Antinatalisten sind aber nicht die Einzigen, die gerade für ein Umdenken im Umgang mit unserem Planeten plädieren, auch wenn sie es mit ihrer Forderung nach dem Aussterben der Menschheit sicherlich besonders radikal tun. Die andere Bewegung ist inzwischen sehr viel bekannter: Fridays for Future. Akerma findet es super, was die Aktivistinnen und Aktivisten von Fridays for Future tun. »Das ist eine wichtige Bewegung, weil sie schreit: Ihr hättet diese Erde erst mal richtig einrichten müssen, bevor ihr uns auf sie werft.« Ich frage nach, ob also auch die Fridays-for-Future-Teilnehmer sich in gewisser Weise in die Welt geworfen fühlten. »Ja«, so Akerma, »in die Welt, die nicht in Ordnung ist. Sie müssen ausbaden, was ihnen die Eltern eingebrockt haben.«

Pauline Brünger ist eine von diesen jungen Aktivistinnen, von denen Akerma gesprochen hat. Sie ist achtzehn Jahre alt, Sprecherin der Fridays-for-Future-Gruppe Köln, hat gerade ihr

Abitur gemacht. Als wir uns via Skype sprechen, ist sie im Urlaub in der Schweiz und kommt gerade richtig runter, wie sie sagt.

In Köln haben sie und viele andere konsequent jeden Freitag demonstriert. »Wir waren nach einem Jahr an der Belastungsgrenze. Wir haben gemerkt – das klingt jetzt hart –, dass es nicht genug gebracht hat.« Was bringt Streiken, wenn niemand auf die Proteste reagiert? »Es interessierte die Politik nicht, es gab keine mediale Berichterstattung mehr.« Sie waren am Limit und beschlossen, auch wenn es ihnen schwerfiel, nicht mehr an jedem einzelnen Freitag zu streiken.

Ich bekomme manchmal ein schlechtes Gewissen, wenn ich mich mit Fridays for Future beschäftige. Was habe ich in Paulines Alter gemacht? Ehrlich gesagt: nicht viel. Ich war komplett versunken in einen nicht zu benennenden Weltschmerz, in Gedanken um Jungs und Musik und Jungs und Party. Ich ging viel feiern, lernte wenig, hatte trotzdem gute Noten und wollte einfach nur weg aus der Kleinstadt, in der ich aufgewachsen war. Die Welt verbessern wollte ich nicht unbedingt. Und auch jetzt komme ich mir wieder ein bisschen blöd vor: Ich mache mir Gedanken über die hypothetische Möglichkeit, mich fortzupflanzen, während junge Menschen wie Pauline dafür sorgen wollen, dass die Welt, in die ich womöglich neues Leben zu setzen gedenke, in fünfzig Jahren überhaupt noch steht.

Was sagt Pauline zum kinderlosen Leben aus Klimaschutzgründen? Wie ist es für eine junge Frau, die ihre Zukunftsplanung noch vor sich hat, darüber nachzudenken? »Ich fühle mich immer total unwohl mit diesem generellen Argument«, erklärt Pauline, »weil ich das Gefühl habe, dass es meistens in einem anderen Kontext benutzt wird, nämlich wenn es um Überbevölkerung geht. Überbevölkerung wird im Zusammenhang mit der Klimakrise oft als Problem angeführt. Das hat aber eine ungute Tendenz, weil es da oft um afrikanische Völker geht.

Und da immer ein Vorwurf mitschwingt. Aber aus der Klimaschützer-Perspektive sind das die Menschen, die am wenigsten für den Klimawandel können – und am meisten davon abbekommen. Natürlich ist eine wachsende Weltbevölkerung eine Herausforderung – in Deutschland und in jedem anderen Land. Meistens ist das aber ein Argument von Leuten, die die Verantwortung von westlichen Ländern wegschieben wollen – und das finde ich komplett falsch.« Es kann schließlich nicht irgendein reiches, westliches Land hingehen und Menschen in anderen Ländern vorschreiben, wie viel oder wenig sie sich fortzupflanzen haben.

Doch was ist, wenn sich junge Paare in der westlichen Welt gegen Kinder entscheiden? Dafür hat Pauline durchaus Verständnis. Als Klimaaktivistin frage sie sich aber auch, wofür sie dann eigentlich kämpft. »Natürlich gibt es Menschen, die heute schon von der Klimakrise betroffen sind – und es ist unfassbar wichtig, sicherzustellen, dass es diesen Menschen gut geht, besser geht.«

Genauso ist der Kampf der Fridays-for-Future-Bewegung aber auch einer für die Zukunft der eigenen Generation. Das Alter von Pauline, Greta, Luisa ist es ja gerade, was ihre Stimme so bedeutsam macht: Viele Politikerinnen und Politiker sind in fünfzig Jahren, wenn Pauline über ihren Ruhestand – einen in Frieden hoffentlich – nachdenken könnte, nicht mehr am Leben. Sollte Pauline einmal Kinder haben, sind die dann womöglich noch stärker von den Folgen des fortgeschrittenen Klimawandels betroffen. Wenn junge Menschen wie Pauline oder Greta oder Luisa sagen: Uns geht das hier viel mehr an als euch, verstehe ich sie gut.

Das sei aber noch nicht alles, was die Klimaaktivisten wollten, erklärt Pauline. »Ganz explizit kämpfen wir auch dafür, dass es Menschen langfristig gut geht auf diesem Planeten. Man muss in solchen Fragen sehr langfristig denken. Schließlich ist es nicht so, dass die Klimakrise erst da ist, und dann kann man was dagegen tun, und dann ist sie wieder weg.«

Das, was Pauline und ihre Mitstreiter/-innen fordern, ist schon lange keine Prävention mehr, sondern Handeln in letzter Sekunde. Pauline spricht von »weitreichenden, nicht absehbaren Folgen« der Klimakrise. Trotzdem: Die Forderung, deswegen keine Kinder mehr zu bekommen, fühlt sich für Pauline ein bisschen an wie Resignation. »Als würde man die Hoffnung aufgeben. Als würde man das Vertrauen verlieren, dass wir überhaupt noch etwas dagegen machen können.«

Pauline will nicht pauschalisieren. »Ich kann immer noch verstehen, wenn jemand sagt: Ein Kind, das ich so sehr liebe, dem kann und möchte ich diese Welt hier nicht antun – weil man ein sehr schlechtes Gefühl hat, was die Klimakrise angeht. Dieses Gefühl ist meiner Meinung nach auch berechtigt. Ich glaube, die Chancen stehen in vieler Hinsicht nicht besonders gut. Ich glaube aber auch, dass es immer noch ganz, ganz viele gute Gründe gibt, Kinder zu bekommen.«

Noch vor zehn oder zwanzig Jahren galten Frauen, die keine Kinder wollten, als egoistisch und karrieregeil. Die Rhetorik hat sich gedreht. Heute kann man sagen, es ist egoistisch, ein Kind in diese Welt zu setzen – nur weil die Biologie vielleicht ruft. Nur weil ich denke, es würde mich persönlich erfüllen, meinem Leben Sinn geben. Und das, obwohl es nicht unwahrscheinlich ist, dass in fünfzig Jahren ein Ressourcenkrieg auf unserem Planeten herrscht.

»Ich glaube, das ist eine ganz grundsätzliche Frage«, meint Pauline. »Wenn wir sagen, wir haben eine Welt, in der es anscheinend nicht möglich ist, dass wir unseren Bedürfnissen nachgehen können – und Fortpflanzung ist ein Bedürfnis von Menschen –, dann mag es sinnvoll sein zu sagen: Okay, wir können noch länger so weiterleben und weitermachen, wenn wir jetzt keine Kinder mehr bekommen. Dann funktioniert das alles noch ein bisschen länger.« Das aber würde das Problem nicht lösen, sondern nur aufschieben, sprich: Keine Kinder mehr zu bekommen wäre bloß Symptom- statt Ursachenbekämpfung. Eine merkwürdige Vorstellung: Wie es wohl wäre, wenn wir in fünfzig Jahren, alle mehr oder weniger alt und gebrechlich, die Zerstörung, die wir angerichtet haben, betrachten, ganz ohne Jugend, die da folgen könnte? Nach uns die Sintflut.

Doch Pauline ist auch eine junge Frau, die in zehn, fünfzehn Jahren vor den gleichen Fragen stehen wird wie ich heute. Da ist eine unbestimmte Angst in ihr, nicht vor dem Kinderkriegen, sondern davor, nicht mehr genug Zeit für ihren Aktivismus zu haben. »Es wäre nicht falsch, für Projekte, die mir wichtig sind und die der Allgemeinheit helfen, auf Kinder zu verzichten.« Doch eigentlich kann sie sich diesen Verzicht nicht vorstellen. Sie will es schon allein physisch erfahren, sagt sie, weil es sie fasziniert, was ihr Körper alles kann. Aus Gründen der Gleichstellung auf Kinder zu verzichten – den Gedanken findet sie frustrierend.

Ende September 2020 läuft Pauline doch wieder mit: Beim globalen Fridays-for-Future-Streik in Köln sie ist ganz vorn mit dabei – und spricht am Ende auf der Bühne. »Es sind nicht unsere Entscheidungen, nicht, was wir essen, was wir kaufen, wie wir reisen«, sagt Pauline.

Nicht, wie wir uns fortpflanzen, füge ich in Gedanken hinzu.

»Es sind 100 Konzerne, die 71 Prozent der weltweiten Emissionen ausmachen.« Jubel, Zustimmung in der Menge. In gewisser Weise versachlicht Pauline das Problem, was mich einerseits beruhigt, andererseits bestärkt es mein Gefühl der Hilflosigkeit. Das Gefühl: Wir können sowieso nichts tun. Nach uns die – na ja, eben das, was die großen Konzerne oder die Politik entscheiden: Sintflut oder Trockenperioden oder geschmolzene Polkappen. Trotzdem ist es ein gutes Gefühl, dass Menschen wie Pauline sich auf ihre Weise um unsere Zukunft sorgen.

Eine Kollegin erzählte neulich davon, dass sie den Zugang zu jüngeren Menschen so schwierig findet, die seien größtenteils auf TikTok und schminkten sich ständig. Es stimmt, selbst ich kann mit Anfang dreißig schon nicht mehr viel damit anfangen. Ich verstehe das Tanzen nicht, ich verstehe die mit viel Aufwand geglätteten Haare und das Contouring der Wangen nicht – ohne es irgendwie verurteilen zu wollen. Trotzdem sehe ich die Generation nach uns ganz anders als meine Kollegin. Pauline sitzt während unseres Gesprächs da, in irgendeinem Shirt, sie hat einen fluffigen Pony und sich eher nicht geschminkt. Sie ist unglaublich klug und unglaublich freundlich, macht sich Gedanken über die Welt und hat einen unverstellten Blick auf alles.

Ein paar Tage nach dem Fridays-for-Future-Streik sehe ich auf Twitter, dass sie wieder streikt: »Heute den Tag im Regen auf den Betriebshöfen der Kölner Verkehrsbetriebe mit den streikenden Beschäftigten verbracht. Jetzt bin ich krank, aber so glücklich. Wenn ihr streikt, dann steht Köln still. Volle Solidarität!«, schreibt Pauline, die Engagierte.

Wenn Pauline für unsere Zukunft steht, denke ich kurz, dann lohnt es sich, darüber nachzudenken, neues Leben in diese Welt zu setzen.

***

Ich stehe morgens auf, nicht mit den Birken, sondern viel später, wenn die Sonne schon hoch steht und brennt, wenn die Schafe nicht mehr so blöken wie nachts – wenn es warm wird, verstummen sie. Wenn das Meer anders rauscht als abends, weniger wild, und das Quietschen und Rufen der Badegäste sich in den flirrenden Himmel versendet. Ich gehe barfuß hinaus, höre die Möwen und rieche das Salzwasser, setze mich auf die unbequeme Bank, die Rillen sind viel zu hart ohne Polster, der Lack blättert ab und ist schon mit Sommerwärme aufgeladen. Ich halte meine weißen Beine in die Sonne, blinzle ins Grün und Grau und Blau dieser Herrlichkeit, die sich Garten nennt – ein Garten direkt hinterm Deich, am Grevelinger Meer, Zeeland, Niederlande. Manchmal laufe ich barfuß mit dem Marmeladenbrot in der Hand die Straße runter zum Deich, die Steine drücken in meine verweichlichten Städter-Fußsohlen, der Salzgeruch lenkt mich. Ich bin noch nicht vom Steg gefallen, bin aber schon in diesen kleinen, seichten Ableger der Nordsee gesprungen, mit Anlauf und Angst vor Quallen.

Wenn ich den Kaffee getrunken habe, wenn ich die Sonne auf meiner Haut zu riechen beginne, dann setze ich mich auf und beginne zu schreiben. Ich notiere erst die Gedanken, die ich noch aus dem Schlaf mit hinübergebracht habe. Ganz neu sind sie morgens und oft ein bisschen wirr. Wenn sie sich später ordnen, sind sie natürlich uralt, seit Menschengedenken bekannt, es sind Gedanken, wie sie sich jeder Mensch macht. Und doch habe ich das Glück und die Zeit und die Muße, sie aufschreiben zu dürfen. Ist das nicht schön?

Über Schreiben und Mutterschaft gibt es ganze Bücher, Untersuchungen und Romane – und immer scheint sich beides mehr oder weniger auszuschließen. Die Mutter muss sich aufopfern und kann auch sowieso nicht anders. Die Mutter kann ja nicht einmal duschen gehen – wie soll sie sich dann bitte in aller Seelenruhe hinsetzen und Gedanken formulieren, sich überhaupt Gedanken machen? Gedanken, die über Windelnwechseln und entzündete Brustwarzen hinausgehen? Bin ich bereit, für lange Zeit auf die Freiheit meines Morgens zu verzichten? Auf die ruhige Stunde, die ich mir nehmen kann, mit Kaffee und Meer und Sonne? Oder zu Hause: auf Kaffee und meinen Blick aus der Kölner Wohnung, auf die Dächer, die in der Sülzer Sonne flimmern und mich freundlich anblinken, während die Schwalben todesmutig heranrasen und im allerletzten Moment erst abdrehen. Will ich darauf verzichten? Klar, die Dächer wären auch dann noch da, wenn ich Mutter wäre, aber würden sie mich morgens so anblinken? Oder würde ich sie gar nicht sehen? Vielleicht fliegt eine Schwalbe eines Tages mit einem Knall gegen die Scheibe. Und Kaffee trinken darf man, wenn ich richtig informiert bin, sowieso nicht, für eine viel zu lange Zeit.

Von Übermüttern und Retraditionalisierung: die deutsche Mutter- und Frauenrolle

Religiöse und kulturelle Prägungen machen die Mutter zu einer Art Übersymbol, gerade in Deutschland, wo die Mutterrolle lange besonders traditionell verstanden wurde: als alleiniger Lebenszweck einer Frau. Immerhin wurde die Mutter in der Zeit des Nationalsozialismus von Hitler persönlich zur Schlüsselfigur erklärt und war die einzige legitime Identifikationsmöglichkeit für deutsche Frauen. Wie die Rolle der Frau als Mutter und damit verbundene Ressentiments gegen arbeitende Frauen im Nationalsozialismus geprägt wurden, beschreibt Barbara Vinken in ihrem Standardwerk *Die deutsche Mutter. Der lange Schatten eine Mythos.* »Das Mutter- und Hausfrausein«, so Vinken, »wurde zu einem Beruf, der kollektiv als Säuglingspflege, Haushaltslehre, Mütterschulung, Mütterdienst und Volksgesundheitsdienst erlernt und praktiziert wurde.«

Erst 1954 wurden Frauen in der Bundesrepublik Deutschland diverse Grundrechte gewährt, erst 1977 wurde eingeführt, dass Frauen ohne Genehmigung des Ehemanns arbeiten durften, und erst 1997 wurde Vergewaltigung in der Ehe in Deutschland zum Straftatbestand erklärt. Man könnte also argumentieren, das deutsche Streben nach Emanzipation, einer Gleichstellung aller Geschlechter und echter Gleichberechtigung sei noch besonders jung, und daher habe sich hierzulande auch ein modernes Mutterbild noch nicht so richtig durchsetzen können.

Andererseits befinden wir uns in Deutschland in der eigentlich luxuriösen Situation, in skandinavische Länder oder nach Frankreich blicken zu können, wo keine nationalsozialistische Ideologie die Frauenrechtsbewegungen daran gehindert hat, eine Familienpolitik und ein Schulsystem zu entwerfen, die weder Mütter und Familien benachteiligen noch Frauen aus dem Arbeitsmarkt drängen. Das heißt, wir hatten wahrlich genug Zeit, uns bei diesen Nachbarländern Modelle abzuschauen – und haben es doch nach wie vor nicht geschafft, einen echten Kulturwandel anzustoßen. Noch immer lautet eine brennende Frage junger Frauen: Kind oder Karriere?

Ich nehme darüber hinaus sogar eine wiederkehrende Verehrung der Mutter wahr. Oft wird vermittelt: Diese Frauen haben endlich ihre Bestimmung, ihren Platz in der Welt gefunden: im Muttersein nämlich – wo sonst? Frauen gelten als ausgeglichener, in sich ruhender, wenn sie Mütter sind, als erfüllter und glücklicher, als netter, freundlicher, nahbarer. Das lässt sich gut in den sozialen Medien und bei prominenten Frauen beobachten, die ihr Muttersein zur Schau stellen, es als Identitätsdefinition heranziehen. Die Influencerin Cathy Hummels, die nebenbei mit einem bekannten Fußballer verheiratet ist, galt lange Zeit als besonders unbeliebte Spielerfrau. Als sie 2014 für Bild.de eine Videokolumne startete, erreichte sie wohl den Gipfel ihrer Unpopularität. Den überwand sie unter anderem, indem sie Mutter wurde. Ihren Sohn zeigt sie auf Instagram zwar nur verpixelt, doch die Stimmung, die sie transportiert, reicht: Cathy, endlich glücklich, weil mit Kind. Sie versucht nicht mehr, beruflich etwas zu erreichen, sondern fügt sich dem Bild der liebevollen, zugewandten Mutter. Ihre Fanbase nahm zu, die Kommentare wurden netter, sie bekam viel Lob, polarisierte plötzlich nicht mehr so stark wie zuvor. Das wiederum änderte sich übrigens, als Hummels offensichtlich sehr viel an Gewicht verlor. Aber das ist eine andere Diskussion.

Woher aber rührt diese Retraditionalisierung der Geschlechterrollen, insbesondere der Mutterrolle? Auch andere Influencerinnen frönen dem Bild der fröhlichen, gut gelaunten und vor allem komplett erfüllten Mutter. In den sozialen Medien, gerade auf Instagram, wo es oft fröhlich und schön und leer zugeht, ist zugleich seltener von den Care-Tätigkeiten der Mutter die Rede, von Schlafmangel oder entzündeten Brustwarzen. Die Tatsache, dass schwerreiche Influencerinnen wie etwa Chiara Ferragni die viele Sorgearbeit auslagern und delegieren können, wird dabei oft verschleiert. Muttersein ist hip, auch weil es sich hervorragend vermarkten lässt. Denn was ebenfalls kaum erwähnt wird: Manche Mütter machen aus ihrem Muttersein ein Geschäft. Vermarkten Babykleidung, Milchersatzprodukte, Schwangerschaftskleidung. Dass Mutterschaft ein Riesengeschäft ist, ist nicht neu. Was neu ist, sind die aggressiven Vermarktungsstrategien, die etwas als vermeintlich authentisch und für jede Mutter umsetzbar hinstellen. Nicht zuletzt bekräftigen sie das traditionelle Mutterbild. Wer nämlich als Mutter alles »richtig« machen, sämtliche Tipps und Tricks befolgen will, hat in der Regel keine Zeit, nebenbei auch noch Vollzeit arbeiten zu gehen.

Und nicht nur Schwangerschaft und Babys lassen sich hervorragend vermarkten, auch mit Mutterkörpern lässt sich viel Geld machen, wie Katja Grach in ihrem Buch *Milf-Mädchenrechnung* beschreibt.[6] Es gibt Sportkurse speziell für Mütter, um den sogenannten After-Baby-Body wieder in Shape zu bringen. Mütterkörper unterliegen, genau wie Frauenkörper generell, strengen Dogmen oft unerreichbarer Schönheitsideale: möglichst dünn, möglichst fit, möglichst streifenfrei, oft weiß. Dabei, so Grach, reiben sich Frauen so sehr daran auf, sexy zu sein, dass wenig Zeit für anderes bleibt: »Bei all dieser Beschäftigung mit uns selbst bleibt wenig Spielraum dafür, die Welt aktiv mitzugestalten. Stattdessen lassen wir uns gern wie Lemminge vom nächsten Trend leiten.« Ein Beispiel für solche Trends: die steigende Zahl intimchirurgischer Eingriffe bei Frauen.

Eine Retraditionalisierung der Geschlechterrollen liegt aber nicht nur am Kapitalismus. Die generelle digitale Schnelllebigkeit der heutigen Welt, die großen Umbrüche und Unsicherheiten, sei es in der Wirtschaft (Weltwirtschaftskrise, Arbeitsplätze, die durch KI besetzt werden), in der Kultur (Papier wird vom Bildschirm abgelöst, soziale Medien überholen lineare Medien) oder in der Gesellschaft (Rechtsruck und gleichzeitig große Freiheitsliebe, mehr Rechte für Minderheiten): Alles ist immerzu im Wandel. Die unsteten Zustände einer auf Globalisierung ausgelegten Welt führen dazu, dass sich auch viele junge Leute nach Sicherheit und alten Werten sehnen: Familie und Freundschaft, aber eben auch Ehe und Kinder, ein Haus, ein Garten. Eine Rückbesinnung auf die Ehe bedeutet aber oft auch ein traditionelles Rollenverständnis. Jedenfalls bedeutet die Geburt eines Kindes oft das Ende der Gleichstellung in einer Beziehung.

***

Mit meinen Freundinnen rede ich natürlich viel über das Thema. Doch obwohl wir alle eine ähnliche Ausbildung haben, ähnliche Werte vertreten und fast die gleiche Musik mögen, gehen unsere Vorstellungen von Zukunft auseinander. Wir sitzen in meiner Küche, Victoria und Merle und ich, und Victoria weint fast, als wir über die Pläne von Karen sprechen, einer gemeinsamen langjährigen Freundin. Sie hat einfach Angst, Karen zu verlieren, sagt Victoria. Sie haben zusammengewohnt, sie sind so enge Freundinnen, und jetzt lebt Victoria in einer anderen Stadt und macht einen anderen Job, und Karen hat endlich den Mann gefunden, mit dem sie sich ihre Lebenspläne vorstellen kann. Und die will sie auch bald durchziehen, das spüren wir alle. Der nächste Schritt, den sie gerade angegangen sind: zusammenziehen. Dann kommt ihre Spirale raus. Dann Kinder. Keine von uns ist sonst schon so weit, vielleicht werden wir auch nie so weit sein, wer weiß das schon. Keine von uns weiß sonst überhaupt mit dieser Sicherheit, dass es weitergehen soll, weitergehen wird, mit unserem Genpool, unserer DNA, die wir forttragen werden, einfach einwachsen lassen in die nächste Generation. Victoria hat diesen Wunsch nicht, Merle auch nicht, und ich, nun, ich weiß es ja nie. Ich bin immer hin- und hergerissen zwischen emotionalem Ballast und beruflichen Plänen. Zwischen körperlicher Unversehrtheit und der existenziellen Vorstellung, dass in einer anderen Brust ein Herz schlägt, das Teil von mir ist.

Karen aber weiß es. Vielleicht beneiden wir sie darum? Auf jeden Fall bereitet ihre Sicherheit uns Unbehagen, macht uns Angst. Wo wird Karen sein, wenn Victoria einmal Liebeskummer hat? Kann man eine junge Mutter mit so lapidaren Sorgen belästigen? Kann ich zu Karen und Stefan und Baby Nummer 1 fahren, wenn ich mich ausgesperrt habe und nicht weiß, wohin mit mir? Kann ich spontan mit einer Zimtschnecke vorbeifahren und bei ihnen klingeln? Müssen wir das Baby lieben? Müssen wir mit ihm spielen, auf es aufpassen? Werden wir diejenigen sein, die sich immer bei Karen werden melden müssen, weil sie Besseres zu tun hat, Anstrengenderes, Wichtigeres? Sie wird damit beschäftigt sein, einen winzig kleinen Organismus am Leben zu halten, der ohne ihre Fürsorge allein nicht lebensfähig sein wird. Sie wird ihn füttern, wickeln, wiegen und ihm Lieder singen, denn eine schöne Stimme hat sie. Und wo werden wir alle sein? Was ist mit uns? Wird Victoria sie verlieren? Sie muss Karen fragen. Sie muss ihr sagen, was ihr Angst macht. Das wird sie machen, sagt sie. Beim nächsten Besuch.

Ich bin Sportlerin, das war ich immer, und so wollte ich auch immer wahrgenommen werden. Ich konnte immer essen, was ich wollte, musste mich nicht großartig einschränken. Die Vorstellung, dass ich die Kontrolle über mein Gewicht und die Proportionen verliere, dass ich nicht mehr weiß, was mein Körper kann und braucht, macht mir Angst. Es geht mir nicht darum, wie andere mich sehen oder ob meinen Partner zwei Zellulitestreifen stören könnten. Es geht mir darum, wie ich mich selbst sehen will, und Schwangerschaft, Muttersein, das ist kein Bild, das ich je von mir gezeichnet hätte. Ich sehe mich in der Zukunft als etablierte Autorin, ich sehe mich – verschwommen zwar, aber ich sehe mich, als erwachsene, erfolgreiche, irgendwie coole Frau, zu der jüngere Kolleginnen kommen, weil sie meinen Rat schätzen. Ich sehe mich, das ist wieder deutlicher, als ältere Frau in schicken Hosenanzügen, mit kurzen Haaren und gut sitzender Brille, in elegant geschnittenen Blazern und mit Lackschuhen. Ich sehe mich als Partnerin, die ihren Freund begleitet, in eine andere Stadt, ins Ausland, irgendwohin. Und ich würde dort, im Irgendwo oder im Nirgendwo, schreiben, meine Gedanken multiplizieren und ausformulieren, mich verwirklichen. Ich sehe mich als treue Partnerin. Ich sehe mich sogar als Ehefrau. Doch ich sehe mich nicht als Frau, deren Bauch langsam kugelig wird, die ihn streichelt und innen drin etwas strampeln fühlt. Das ist eine Zukunftsvision meiner selbst, zu der ich nicht in der Lage bin. Fehlt mir die Fantasie? Oder möchte ich einfach keine Mutter sein?

Der schicke Hosenanzug, die Kurzhaarfrisur und mein elegantes Auftreten – all das schließt sich mit Mutterschaft schließlich nicht aus. Ich konnotiere es aber mit beruflichem Erfolg – und der ist für mich abgekoppelt von Mutterschaft. Viele Frauen sind entweder Mutter oder sogenannte Karrierefrauen. Jaja, viele würden nun entgegnen, heute sei alles besser und ganz anders als noch vor zwanzig Jahren. Aber ist es das wirklich?

Die Kinder, ein Segen!

Charlotte Singer, heute Mitte fünfzig, wollte als junge Frau gar nicht unbedingt Kinder bekommen. Irgendwann vielleicht, ja. Aber einen brennenden Wunsch danach verspürte sie überhaupt nicht. Sie war vierundzwanzig Jahre alt, gerade fertig mit dem Jura-Staatsexamen und wollte das Referendariat antreten – da wurde sie schwanger. Auch kein Drama, sie und ihr Freund wollten eh heiraten – »und eigentlich haben wir einfach nicht gut verhütet«, erzählt sie mir. Singer, die eigentlich anders heißt, muss selbst lachen. Sie hatte die Pille nie besonders gemocht und zwischenzeitlich damit ausgesetzt. Als sie sie sich wieder verschreiben lassen wollte, war es zu spät: »Die Pille müssen sie jetzt auch nicht mehr nehmen«, meinte die Frauenärztin trocken. Also nahm Singer nach der Geburt ein Jahr lang Erziehungsurlaub, so hieß das damals, organisierte dann gemeinsam mit ihrem Mann eine Kinderfrau – und begann mit dem Referendariat, sie fing bei einer Richterin an. Ihr Mann arbeitete auf einer halben Stelle und schrieb in der restlichen Zeit seine Doktorarbeit.

Doch Charlotte Singer merkte sehr schnell, dass sie nicht glücklich war. Es fiel ihr wahnsinnig schwer, ihr Baby abzugeben. Sie war nun eine unglaublich glückliche Mutter – damit hatte sie vorher nicht gerechnet – und eine weniger glückliche Referendarin. Dabei hatte das Referendariat ihr vorher viel Spaß gemacht. Ihr Plan war immer gewesen: erst der Beruf, erst Karriere machen. Dann hätte man irgendwann immer noch eine Familie gründen können. »Wir wollten heiraten, aber wir wollten nicht sofort Kinder bekommen.«

Auch schon vor etwas mehr als dreißig Jahren war sie mit vierundzwanzig für ihr Umfeld eine recht junge Mutter. Dort war es normal, dass man als Frau auf jeden Fall in den Beruf einsteigen, Karriere machen wollte, bevor man auch nur an Familienplanung dachte. »Man glaubte damals, Familie und Beruf vereinbaren zu können.« Doch für Charlotte Singer kam alles anders. »Ich merke immer: Die Probleme, die die jungen Frauen heute haben, die Themen, über die sie sich Gedanken machen – die haben sich kaum geändert. Wir hatten damals genau die gleichen Themen.«

Sie war wieder im Berufsleben, doch es ging ihr nicht gut. Jeden Morgen musste sie ihre kleine Tochter abgeben. »Im Nachhinein betrachtet, war das meine unglücklichste Zeit.« Als sie in der zweiten Station ihres Referendariats wieder schwanger wurde, habe sie das »gerettet«. Die Schwangerschaft war kompliziert, man befürchtete eine Fehlgeburt, und Charlotte Singer musste ruhen. Sie war erleichtert, als sie krankgeschrieben wurde. Endlich zurück daheim. »Es war einfach ein geschlossenes System zu Hause, in dem es gut funktioniert hat«, sagt sie. Außerhalb herrschten andere Regeln. Die beiden Systeme hatten keine Berührungspunkte, waren wie zwei verschiedene Welten. Ihr Mann gestand ihr, auch er sei wahnsinnig froh darüber, dass sie wieder da sei – auch er war nicht glücklich damit gewesen, dass eine Fremde sich um ihr Kind gekümmert hatte. Ihm war wohler bei dem Gedanken, dass seine Frau bei den Kindern blieb. Und Singer war ihren inneren Stress los: Von Anfang an hatte sie sich zerrissen gefühlt. Rückblickend sagt sie: »In meinen Augen ist es ganz wichtig, dass das Paar für sich merkt: Wie sind wir froh? Und: Wie können wir's finanzieren? Klar. Das spielt natürlich auch eine Rolle. Wir haben in dieser

Zeit ganz sparsam gelebt.« Das habe aber ihr Glück in keiner Weise geschmälert.

Mit der zweiten Schwangerschaft ging dann doch alles gut, das Kind kam gesund zur Welt. »Ich hatte einen richtig guten Grund, wieder auszusetzen. Es war wie eine Erlösung.« Ihr Mann arbeitete inzwischen ganztags, obwohl die Doktorarbeit in Volkswirtschaftslehre noch nicht abgeschlossen war. »Das war für ihn auch unheimlich anstrengend.«

Als das zweite Kind da war, schmiedeten die Singers wieder Pläne. Stundenlang, tagelang, wochenlang besprachen sich die beiden. Charlotte Singer hatte das Gefühl, vor einer großen Lebensentscheidung zu stehen. Und traf sie schließlich: Sie wollte noch einmal ins Referendariat einsteigen, es dieses Mal abschließen – obwohl sie beim letzten Mal so unglücklich als berufstätige Mutter gewesen war. Nicht, weil ihr Jura nicht gefallen hätte, sie mochte es. Aber das Kind war ihr einfach viel wichtiger. Trotzdem: All die Jahre des Studierens, all der Fleiß, den sie aufgebracht hatte, sollten nicht umsonst gewesen sein. Sie organisierten wieder eine Kinderfrau, und Singer fand einen neuen Referendariatsplatz. Doch kurz bevor sie die Stelle antrat, zog sie die Reißleine. Sagte alles ab. »Ich habe mich wirklich gefragt: Was will ich eigentlich? Und da wurde mir klar: Eigentlich würde ich viel lieber noch ein drittes Kind bekommen. Und dann kam das vierte Kind einfach kurz danach.« Es war ihre Entscheidung.

Insgesamt sind es dann sechs Kinder geworden, und Charlotte Singer hat ihre Entscheidung nie bereut. Wir sitzen im Garten des Einfamilienhauses in einer der ruhigeren Straßen eines Großstadtviertels, der Basketballkorb steht noch da für den jüngsten Sohn, der heute fünfzehn Jahre alt ist. Wir trinken Kaffee und viel Sprudelwasser, und die Sonne knallt an diesem Nachmittag erbarmungslos vom Himmel. Wir sitzen auf Korbmöbeln im Schatten, mit Blick auf den grünen Rasen hinter dem

Haus. Charlotte Singer ist braun gebrannt und wirkt sehr entspannt. Sie spricht leise, aber sehr bestimmt, und ihre Augen können ziemlich blau leuchten, und der Kaffee ist auch sehr gut.

Für Singer war es nie eine Frage der Vereinbarkeit. »Diese Vereinbarkeit kann es gar nicht geben.« Ich stelle mir ein Leben mit sechs Kindern mindestens doppelt so stressig vor wie einen Vollzeitjob mit vielleicht zwei Kindern, aber Singer winkt ab. »Alles passiert ja innerhalb eines geschlossenen Systems.« Ein weiteres Kind war jedes Mal die viel weniger stressende Entscheidung für sie. Das passierte ja alles innerhalb des Organismus Familie, in dem sie so gut zurechtkommt, in dem sie so glücklich ist. Es waren für sie nicht die Kinder anstrengend, sondern es war die Arbeitswelt, die sie nicht auf ihr Lebensmodell abzustimmen vermochte. Sie glaubt, dass junge Eltern es deswegen oft stressig finden, Arbeit und Familie zu vereinbaren. »Man arbeitet die ganze Zeit gegen sich selbst. Es ist doppelter Stress – organisatorischer und emotionaler.« Sie selbst hat sich damals für eine Sache entschieden. Vor allem wegen der emotionalen Sorgen. So ein kleines Baby. Sie konnte und wollte ihre Babys einfach nicht abgeben, jedenfalls nicht, solange sie Babys waren. Auch geschlafen habe sie viel, meint sie, für mich überraschend. »Ich brauche viel Schlaf.«

Es klingt ein bisschen blöd, aber der drohende Schlafentzug ist eine der größten Sorgen, die ich mit der Frage nach dem Kinderkriegen verbinde. Wenn ich nicht genug schlafe, werde ich nach den ersten ein, zwei Nächten nörgelig – spätestens nach der dritten werde ich krank. Schon wenn mein Freund sich nachts zu viel umdreht, bin ich genervt. Und generell würde ich am liebsten jede Nacht neun oder zehn Stunden schlafen. Im Urlaub schaffe ich nach einer Weile jede Nacht sogar elf. Das lässt sich mit Kleinkindern dem allgemeinen Vernehmen nach nicht so leicht bewerkstelligen.

Singer zögert kurz, als sie erzählt, wie sie und ihr Mann das

Schlafthema gelöst haben. »Das ist nicht mehr à jour. Eigentlich war es das damals schon nicht.« Das Baby hatte immer ein eigenes Zimmer, schlief also nicht mit ihnen in einem Raum. »Beim zweiten Kind haben wir das gemacht – und da gingen wir echt auf dem Zahnfleisch.« Danach haben sie extra eine Wand im Schlafzimmer gezogen. Charlotte Singer war dann diejenige, die nachts aufstand und hinterher ruhig wieder einschlief; ihr Mann übernahm dafür die Morgenschichten. Und mit einem eigenen Zimmer klappte das mit dem Einschlafen einfach besser. Den Kindern hat's offenbar nicht geschadet.

Wir wandern dem Schatten nach und ziehen um, zum anderen Gartentisch. Wollte sie nie Geld verdienen? Finanziell unabhängig sein? »Doch, natürlich gab es die Gedanken. Ich hatte nie das Gefühl, dass ich nicht arbeite. Mein Mann hat mir auch nie das Gefühl gegeben.« Geld verdiente sie mit den Sorgearbeiten nicht. Für eine Weile wurde sie, als ihre ersten vier Kinder in den Kindergarten gingen, Kinderfrau – mit Kindern konnte sie schließlich gut. Doch die Erziehung anderer Kinder war nicht ihre Sache. Bei ihren eigenen wusste sie instinktiv, wie sie vorgehen wollte – bei fremden mischte sie sich nicht gern ein. »Ich glaube, fast alle Eltern machen ihren Job auf ihre Weise gut«, sagt Singer.

Nach dem fünften Kind sollte eigentlich Schluss sein. Mit vierzig Jahren wurde Singer jedoch ungeplant noch mal schwanger. »Da haben wir uns schon gefragt: Fordern wir das Glück heraus?« Es war ja immer alles so glatt gelaufen, so gut gegangen. Die verhältnismäßig späte Schwangerschaft brachte das Ehepaar kurz aus dem Tritt. »Vor allem mein Mann war besorgt.« Doch als sie dann in der 20. Schwangerschaftswoche zur Ultraschalluntersuchung ging und der Arzt ihr sagte, dass sie wieder ein gesundes Kind bekommen würde, »da hätte ich platzen können vor Glück«. Und es ging alles gut.

Sobald die Kinder größer wurden, fiel es ihr auch nicht

mehr schwer, sie abzugeben. In den Kindergarten, in die Schule. Sie waren ja keine Babys mehr. Als der Jüngste im Kindergarten war, begann Singer sich zu fragen, ob sie wieder anfangen sollte zu arbeiten. Ehrenamtlich hatte sie sich immer viel engagiert. Sie ging also zur Agentur für Arbeit. Dort gab es Angebote für Mütter wie sie, die wiedereinsteigen wollten. Einziges Manko: Singer mochte keine Computer. »Doch ich merkte schnell: Ohne Computerkenntnisse würde ich nicht weiterkommen.« Also absolvierte sie einen dreimonatigen Computerkurs, den sogenannten Europäischen Computerführerschein, und begann danach zu arbeiten. Erst managte sie eine Freundin, die Musikerin war. Dann bekam sie eine Stelle bei einem Wohnstift um die Ecke, wo sie nun seit zehn Jahren als Teilzeitkraft beschäftigt ist, Verwaltung und Empfang. Sie sei sehr glücklich, sagt sie, ihre freundlichen Augen blinken blau.

Warum erzähle ich die Geschichte von Charlotte Singer? Ich frage mich, ob die K-Frage nicht auch eine Frage nach Lebensglück ist. Nach richtigen Entscheidungen und nach solchen Entscheidungen, die alles anders kommen lassen, ohne dass sie deswegen unbedingt falsch sein müssten. Von einer Teilzeitstelle in der Verwaltung und am Empfang eines Wohnstifts ist es ein ordentlicher Sprung zur Richterin, das weiß Singer selbst. Finanziell wird sie nie auf dieselbe Weise abgesichert und unabhängig sein, wie sie es gewesen wäre, wenn sie den Karriereweg eingeschlagen hätte. Aber ist es darum gleich falsch, keine Karriere zu machen?

Karriere machen, beruflich erfolgreich sein, das ist etwas, das den Frauen meiner Generation immer als etwas Erstrebenswertes vordekliniert wurde – und als etwas für uns selbstverständlich Erreichbares. In der Schule waren die meisten Mädchen besser als die Jungen, machten das bessere Abitur, waren später erfolgreicher im Studium. Ein großer Schnitt kommt erst später, wenn die Frage nach der Familienplanung ansteht. Haben Frauen wirklich keine andere Wahl, als unter allen Umständen Karriere zu machen, nur um endlich und endgültig mit den Männern gleichzuziehen, um endlich genauso viele wichtige Posten zu besetzen, um endlich Karriere zu machen, egal, unter welchen Umständen? Und müssen sie dafür tatsächlich ihr Lebensglück aufgeben?

Die knappe Antwort lautet: ja. Unter den derzeit herrschenden Voraussetzungen bleibt eine Sache zwangsläufig auf der Strecke: Familienglück oder Karriere. Eine kinderreiche Familie bedeutet natürlich nicht für jede Frau Lebensglück, auch wenn genau das noch immer oft suggeriert wird, von Gesellschaft und Kultur wie von unseren Eltern und Großeltern. Die lange Antwort aber, die kompliziertere und ehrlichere, lautet: Wir brauchen einen Kulturwandel. Eine Arbeitswelt, in der es nicht mehr unmöglich erscheint, Kinder mit einem Beruf zu vereinbaren. In der das Elternteil, das die Kinder aufzieht, nicht als Hausfrau oder -mann abgetan wird, sondern als gleichberechtigtes Mitglied der Gesellschaft gilt, das sich um das Wichtigste überhaupt kümmert: die Kinder selbst. In der aber eben nicht immer die Frauen daheimbleiben, sondern auch die Väter, in der sich beide gleichberechtigt um Familie und Beruf kümmern können – ohne dass sie es wie das Ehepaar Singer durchrechnen müssen, um herauszufinden: Finanziell lohnt es sich nur, wenn die Frau ganz zu Hause bleibt. Vielleicht hätten Charlotte Singer und ihr Mann unter anderen Umständen im Homeoffice arbeiten und sich so die Sorgearbeiten teilen können. Nicht, dass das Homeoffice alles lösen würde, überhaupt nicht. Aber flexible Arbeitszeiten und -orte wären zumindest ein Anfang, um mehr Vereinbarkeit zu gewährleisten. Meine Kollegin Julia Schaaf hat es in ihrem preisgekrönten Artikel »Frauen, lasst die Vollzeit sein! Und Männer: Ihr auch!« so beschrieben: »Die Fiktion des flexiblen, mobilen, allzeit verfügbaren Beschäftigten, die aus Zeiten stammt, in denen die Hausfrau ihrem Ernährergatten den Rücken freihielt, ist für die Wirtschaft bequem. Sie passt aber nicht in eine Welt, in der Frauen wie Männer Verpflichtungen jenseits ihres Berufs wahrnehmen wollen und müssen.«[7]

»Ist es radikal, keine Karriere machen zu wollen?«, fragte die Feministin und Autorin Teresa Bücker, und ich finde, das ist eine sehr gute Frage.[8] Es kommt mir fast so vor, als wollten viele Frauen um mich herum auch deswegen Karriere machen, weil sie etwas beweisen wollen. Nicht nur, dass sie selbst gut sind, sondern auch, dass wir Frauen gut sind. Dabei ist das vollkommen überflüssig, denn Frauen haben über Jahrtausende bewiesen, wie gut sie sind. Sie haben es geschafft, gegen alle erdenklichen und widrigen Widerstände Kunst zu kreieren, Dinge zu erfinden, Familien zusammenzuhalten, das Land zu organisieren, während die Männer sich im Wesentlichen die Köpfe einschlugen, Grenzen umverlegten und Frauen verboten, das Gleiche zu tun. Frauen haben sich ihre Freiheit erkämpft und ihr Wahlrecht, sie haben in vielen Ländern das Recht auf Abtreibung und Selbstbestimmung errungen. Der moderne, oft liberale westliche Feminismus, der mehr Frauen in Führungspositionen fordert, ist mit vielen karriereorientierten Anstrengungen verbunden, so scheint es. Kinder werden als Störfaktor empfunden, selbst Beziehungen dürfen nicht zu viel Raum einnehmen. Dabei ist es doch längst kein Geheimnis mehr, dass viele karriereorientierte Männer ihr Streben nach Erfolg später bereut haben. Was dann am Ende nämlich bleibt: keine Beziehung. Kinder, die einen kaum kennen. Ein leeres Leben trotz Status und Geld. Was aber ist mit unserem berechtigten Wunsch nach Lebensglück? Ich werde mich im zweiten Teil dieses Buchs mit Vereinbarkeit beschäftigen und mit der Frage, warum sie in Deutschland noch immer viel zu selten funktioniert.

Ich will von Charlotte Singer wissen, ob Kinder einem das geben, was sich als »Sinn des Lebens« bezeichnen ließe. Sie bejaht meine Frage. »Das ist so existenziell. So ursprünglich. Da braucht man sich über den Sinn des Lebens keine Gedanken mehr zu machen.« Für sie war es die komplette Erfüllung. »Ich wusste, dass ich da wirklich kaum ersetzbar bin. Ich wusste: Da werde ich echt gebraucht. Tatsächlich gibt es für mich nichts Sinnvolleres.« Für sie war der Weg auch einer der Selbstfindung. Sie kannte sich vorher nicht richtig, meint sie. Ohne Kinder. Oder sie hat sich eben verändert. Auch nicht schlimm.

»Ich bereue es nicht, dass ich keine Professorin oder Richterin geworden bin. Es wäre natürlich toll gewesen, wenn ich beides – Beruf und Familie – hätte machen können, keine Frage.«

***

Meine Schwester blutet wieder, aber irgendwas stimmt dieses Mal nicht. Schon im Auto hatte sie so komische Schmerzen, ganz schlimm, sie dachte erst, es liegt am Anschnallgurt. Die Ärzte in der Uniklinik haben sie dann sofort dabehalten. Das Baby lebt, heißt es. Aber irgendwas stimmt nicht, die Mutter verliert so viel Blut. Am Abend telefonieren wir, meine Schwester geht sehr kleinlaut ans Telefon. Sie ist sonst laut und lustig, hält mühelos eine erste Klasse mit fünfundzwanzig mehr oder weniger vorlauten Kindern in Schach, und dabei gelingt es ihr noch, dass die Kinder sie fürchten und lieben zugleich. Wenn mal was nicht gut läuft, dann ist es bei meiner Schwester »scheiße«, sie ärgert sich, flucht beim Autofahren viel herum, gibt den anderen Verkehrsteilnehmern unhöfliche Namen, und wenn sie weint, dann selten aus Trauer, eher aus Überforderung oder Wut. Oder aus Trotz.

Jetzt ist sie ganz furchtbar klein am Telefon, die Stimme kippt, da ist ein Häufchen Elend am anderen Ende der Leitung, ich weiß es sofort. Ich stelle mir vor, wie sie da liegt, ganz klein und allein in einem schneeweißen Krankenhausbett in einer pechschwarzen Nacht. Um sie herum ist ganz viel los, doch ihr Bett schwebt gleichsam im Dunklen, so weiß und mutterseelenallein, mit meiner Schwester darin, die doch viel zu klein ist für diese große Last. Und die roten Flecken auf dem weißen Laken. Was jetzt passiert, ist Schicksal, hat der Arzt ihr gesagt, und ich versuche, so viel Zuversicht wie möglich in meine Stimme zu legen: Alles wird gut gehen. Ihr beide schafft das. Ich glaube das auch wirklich. Weil alles andere so unvorstellbar ist.

Das Kind wird die Nacht nicht überleben.

Schicksal, Schicksal, und doch war niemand darauf vorbereitet, dass da noch in dieser Nacht immer mehr Flüssigkeit rausläuft. Fruchtwasser nach dem Blasensprung. Als sie irgendwann in dieser Nacht den Ultraschall machen, schlägt das Babyherz schon nicht mehr. Wahrscheinlich hat das Baby lange gekämpft. Und meine Schwester mit ihm. Drei Wochen später, und man hätte das Baby retten können, sagt irgendjemand. Die Ärzte leiten die Geburt ein. Wofür muss ich das jetzt noch machen, fragt sich meine Schwester. Es ist das, was sie für ihr Kind noch tun kann, sagen sie ihr, und hinterher ist sie froh darüber, auch wenn es vielleicht die schlimmsten Stunden ihres Lebens sind. Ihr Mann sitzt bei der Geburt neben ihr und wird fast verrückt, er kann ihr nicht helfen, ihre Schmerzen sind so groß, und das, was am Ende rauskommt, ist so klein und tot. Alles ist dran, es ist wie ein Wunder. Sie legen ihr das Kind auf die Brust, von dem meine Schwester sich sicher war, dass es ein Junge sei, und jetzt ist es doch ein Mädchen, nicht Leo, sondern Leonie. Die Finger so klein, doch alle sind dran. Sie kommen in einen eigenen Raum, in dem sie Zeit mit ihrer Tochter verbringen dürfen, und sie halten Leonie für viele Stunden. Leonie, die zu klein war, um es zu schaffen. Leonie, die bis zum Schluss gekämpft hat. Am Ende geben sie sie ab. Der Abschied fällt schwer. Meine Schwester vermisst sie sofort. Sie waren doch die letzten Monate immer zusammen gewesen.

Teil 2
Die Lüge von der Vereinbarkeit

Elterngeld, Elternzeit, Elterngeld Plus – und warum ich in diesem Teil der Lektüre etwas mehr erklären werde

Im Jahr 2019 wurden in Deutschland 778 100 Kinder geboren (das waren 9400 weniger als im Jahr davor), die vom Statistischen Bundesamt berechnete Geburtenziffer lag damit bei 1,54 Kindern pro Frau.

In Deutschland stehen jungen Eltern jeweils 36 Monate Elternzeit zu. Die Elternzeit kann von Vätern frühestens ab der Geburt des Kindes, von Müttern ab Beginn des Mutterschutzes genommen werden. Sie können die 36 Monate splitten. Bis zur Vollendung des achten Lebensjahres, also bis einen Tag vor dem achten Geburtstag des Kindes, muss die Elternzeit aber spätestens genommen worden sein.

Für junge Eltern gibt es vom Staat außerdem Elterngeld: Basiselterngeld steht Paaren insgesamt 14 Monate lang zu – vorausgesetzt, einer der Partner nimmt mindestens zwei Monate und der andere die restlichen 12 Monate Elternzeit (oder man teilt anders auf, 6 : 8, 7 : 7, wie auch immer). Alleinerziehenden stehen 14 Monate Elterngeld zu. Das Basiselterngeld macht 65 Prozent des vorherigen Durchschnitts-Nettoeinkommens aus (der vorangegangenen 12 Monate), ist aber gedeckelt auf 1800 Euro im Monat. Während Eltern Basiselterngeld beziehen, können sie bis zu 30 Stunden in der Woche arbeiten, bekommen dann aber anteilig weniger Elterngeld.

Elterngeld Plus kann man 28 Monate lang beziehen. Arbeiten Eltern in dieser Zeit nicht, ist das Elterngeld in den Monaten halb so hoch wie das Basiselterngeld. Elterngeld Plus lohnt sich besonders für Eltern, die nebenbei in Teilzeit arbeiten. Sie können es länger beziehen als Basiselterngeld und bekommen es in ähnlicher Höhe. Elterngeld Plus ist auf 900 Euro im Monat gedeckelt. Wenn beide Eltern in vier aufeinander folgenden Monaten gleichzeitig in Teilzeit arbeiten (25 bis 30 Wochenstunden) und Elterngeld Plus beziehen, belohnt der Staat mit dem sogenannten Partnerschaftsbonus. Den Eltern stehen dann jeweils vier zusätzliche Monate Elterngeld Plus zu.

Der Ist-Zustand in Deutschland, was Elternzeit, Kinderbetreuung und deren Aufteilung angeht, ist nach wie vor traditionell geprägt: In den meisten Familien übernehmen die Mütter die Kinderbetreuung. Das ergibt sich aus dem Mikrozensus, den das Statistische Bundesamt vorstellt. 2019 sind Frauen viel öfter als Männer in Elternzeit gegangen: Knapp ein Viertel aller Mütter, deren jüngstes Kind jünger als sechs Jahre ist, war in Elternzeit. Bei Vätern traf das laut Statistischem Bundesamt nur auf 1,6 Prozent zu.

War das jüngste Kind unter drei Jahre alt, dann waren deutlich mehr Mütter in Elternzeit: 42,2 Prozent dieser Mütter waren 2019 in Elternzeit. Und 2,6 Prozent dieser Väter. Die Elternzeitquote ist laut Statistischem Bundesamt in den vergangenen zehn Jahren deutlich angestiegen, Eltern finden es also durchaus wichtig und gut, Zeit mit ihren Kindern zu verbringen. »Schwankte der Anteil der Mütter in Elternzeit bis einschließlich 2010 um die 20 %, so stieg dieser Anteil seit 2011 um fünf Prozentpunkte auf 24,5 % im Jahr 2019 an«, heißt es auf der Website des Statistischen Bundesamtes. Der Anstieg bei Vätern zeige sich deutlicher. Von 0,9 Prozent zu 1,6 Prozent, das ist fast eine Verdopplung. Der Anteil insgesamt ist aber sehr, sehr gering.

Darüber hinaus arbeiten Väter häufiger in Vollzeit: 2019 arbeiteten 93,1 Prozent der erwerbstätigen Väter mit Kindern unter sechs Jahren in Vollzeit, nur 6,9 Prozent in Teilzeit. Bei den Müttern war es genau andersherum: 72,6 Prozent aller erwerbstätigen Mütter mit Kindern unter sechs Jahren arbeiteten in Teilzeit und 27,4 Prozent in Vollzeit.

Warum ich all diese Zahlen und Fakten anführe? Weil sie für den kommenden Verlauf dieses Buchs wichtig sind. Denn es geht nun um Vereinbarkeit. Um die geflügelte Phrase »Kind und Karriere«, besser gesagt: Kind *oder* Karriere. Um Aufteilung von unbezahlter Sorgearbeit zwischen Mann und Frau, um Gleichstellung und gleichberechtigt aufgeteilte Aufgaben.

Im ersten Teil dieses Buchs sollte es für mich um die Frage nach Sinnstiftung durch Kinder gehen, um die Frage danach, ob Nachwuchs das Leben erfüllt. Und trotzdem bin ich in den Gesprächen immer wieder an eine weitere Grenze gestoßen, eine unsichtbare Grenze, die für mich sämtliche Diskussionen um »Kinder wollen«, »sich selbst verwirklichen« und »Sinnstiftung« geprägt hat: Für Frauen ging es immer noch um mehr. Es ging immer auch darum, dass sie sich fragten, was mit ihnen passieren würde, wenn sie Kinder bekämen – würde ein Baby ihre finanzielle Unabhängigkeit einschränken? In den meisten Fällen lautete die Antwort klar: ja. Es haben sich trotzdem viele Frauen, wie zum Beispiel Charlotte Singer, für Kinder entschieden und gegen den Beruf.

Ich habe das Gefühl, dass wir, geht es ums Kinderkriegen, als potenzielle Mütter oft noch eine Dimension mitbedenken müssen. Die sogenannte gläserne Decke, von der oft die Rede ist, wenn es darum geht, dass Frauen seltener in Führungspositionen kommen. Sie erscheint mir für die K-Frage ebenfalls relevant. Die unsichtbare Grenze, an die nicht nur ich immer wieder stoße, sie soll hier Thema sein.

Das, was Eltern sich wünschen und sich vorstellen vom Familienleben, weicht oft ab von dem, was sie leben. Und zwar stark. Woran liegt das? Warum sind in den meisten Familien noch immer Frauen zuständig für Haushalt und Kinder, für Organisation und Arzttermine, alles Dinge, für die sie kein Geld bekommen? Und warum finden viele Eltern das heute nicht mehr gut? Was können wir tun, damit es besser wird für Familien in Deutschland? Damit ich mir nicht mehr die Frage stellen muss: Kann ich mir ein Kind erlauben – oder bin ich dann raus? Raus aus dem Leben, raus aus der Arbeit, raus aus allem, was Spaß macht oder Geld einbringt. Wäre der Ist-Zustand in Deutschland ein anderer, würde sich mir die K-Frage ziemlich sicher immer noch stellen. Sie wäre aber nicht mehr zwangsläufig mit existenziellen Ängsten vor Altersarmut oder Karriereknick verbunden. Sie wäre das vernünftige Abwägen der Fragen, wer ich sein und was ich machen will. Und natürlich der Frage, ob ich mich als Mutter sehe. Jedenfalls nicht Ausdruck einer schier unendlichen Masse an Sorgen um eine ungerechte Aufteilung von Care-Tätigkeiten, um eine ungewisse Zukunft, weil ich als Mutter weniger verdienen, weniger wahrscheinlich Karriere machen und dafür mit größerer Wahrscheinlichkeit in Altersarmut landen würde.

Für den *Väterreport 2018*[9] hat das Bundesfamilienministerium eine große Erhebung dazu durchgeführt, wie sich Väter in Deutschland fühlen, was sie sich wünschen – und was sie tatsächlich machen. Dabei kam zum Beispiel heraus, dass 60 Prozent der befragten Eltern mit Kindern unter drei Jahren es ideal fänden, wenn sich beide Partner gleichermaßen in Beruf und Familie einbringen könnten. Gleichzeitig ist laut *Väterreport* so eine Aufteilung nur bei etwa 14 Prozent der Paare der Fall. Auch die oben erwähnten Zahlen zur Elternzeit zeigen, dass nach wie vor Frauen den Mammutanteil der Elternzeit nehmen, nicht einmal ansatzweise wird hier gerecht geteilt. Im Jahr 2018 nahmen 72 Prozent der Väter nur genau die zwei Monate Elternzeit, in denen sie und ihre Partnerinnen sonst kein Basiselterngeld beziehen könnten.

Was das Statistische Bundesamt nicht einzeln erhebt, sind Zahlen zu Regenbogenfamilien und nichtheterosexuellen Familienkonstellationen. Die Mütter und Väter dieser Familien sind in den aktuellen Zahlen mit inbegriffen. Auf meine Anfrage zu diesbezüglichen Erhebungen schrieb mir das Statistische Bundesamt: »Die genaue Anzahl dieser Familien lässt sich jedoch nicht eindeutig feststellen, da nicht erhoben wird, ob der oder die Elterngeld-Beziehende in einer hetero- oder homosexuellen Lebensgemeinschaft lebt.« Gleichwohl, heißt es weiter, könne man von der Anzahl der eingetragenen Lebenspartnerschaften im Jahr 2017 Zahlen ableiten: Von den 1030705 Personen, die für ein im Jahr 2017 geborenes Kind Elterngeld bezogen, hätten sich 1736 (knapp 0,2 Prozent) in eingetragener Lebenspartnerschaft befunden. Diese Zahlen sind natürlich nicht eindeutig. Am 1. Oktober 2017 ist das Gesetz zur Ehe für alle in Kraft getreten, sodass die Unterscheidung zwischen Ehe und eingetragener Lebenspartnerschaft kaum mehr ein Hinweis auf eine hetero- oder homosexuelle Beziehung ist.

Was strukturelle Benachteiligung bedeutet und warum Frauen und Mütter sie erfahren

Warum sind es in Deutschland nach wie vor überwiegend Frauen, die sich um die Ks kümmern und sich die K-Frage stellen?

Ich verabrede mich mit Katarina Barley zum Skypen. Die ehemalige Familienministerin ist so eine Art Vorzeigefeministin der SPD. Das mit dem Video-Call findet Barley an diesem Morgen nicht ganz so ideal – sie ist noch zu Hause, sieht ein bisschen müde aus, die Haare leicht zerzaust. Sie dachte, es sei nur ein Telefonat. »Gestern ist es etwas später geworden.« Doch sie fängt sich schnell, schließlich ist sie Profi und versteht es, auch in solchen Situationen routinierte Antworten zu geben. Barley sitzt in ihrer Küche, morgens um halb neun, und wirkt auch mit zerzausten Haaren ziemlich frisch.

Familienministerin ist Katarina Barley nur für kurze Zeit und auch eher unfreiwillig gewesen: Als Manuela Schwesig Ministerpräsidentin in Mecklenburg-Vorpommern wurde, brauchte die SPD dringend jemanden für den Job. Barley war zuvor Generalsekretärin der Partei gewesen – und wurde dann eben Interimsministerin. Als Andrea Nahles zur SPD-Chefin gewählt wurde, übernahm Barley übergangsweise sogar noch das Arbeitsministerium von ihrer Kollegin. Das heißt aber nicht, dass sie den Job im Familienministerium nicht mit gewohnter Leidenschaft gemacht hätte. Ihr Baby: das sogenannte Wechselmodell. Sie wollte getrennt lebende Paare mit gemeinsamen Kindern stärker fördern. Das Modell sollte aber nicht, wie es in vielen anderen europäischen Ländern der Fall ist, gesetzlich verankert werden, sondern Barley ging es vielmehr darum, das Beratungsangebot von getrennten Eltern auszubauen. Die treffen sich sonst womöglich nur noch mit Anwälten. Barley wollte einen geregelten Ablauf für Familien, auch wenn die Eltern nicht mehr zusammen sind.

Ein Wunsch, der wohl auf ihrer eigenen Lebenssituation beruht: Ihre Söhne waren zwei und neun Jahre alt, als sie und ihr erster Mann sich trennten. Danach teilten sie sich das Sorgerecht. Weil aber Barley als Politikerin viel unterwegs war und in Berlin sein musste, wuchsen die Söhne mehr beim Vater auf, der in Teilzeit arbeitete. In einem Interview mit der *Frankfurter Allgemeinen Sonntagszeitung* sagte sie, dass sie für ihre politische Karriere einen Preis bezahlt habe: »Ich habe meine Kinder in den letzten Jahren sehr wenig gesehen.«

Dabei hatte Sigmar Gabriel sie noch gewarnt. Er war ihr politischer Förderer, »und er hat mir echt ins Gewissen geredet«. Gabriels Vorschlag: Zeit blocken, jede Woche, für die Familie. »Ich habe leider nicht genug auf ihn gehört.« Barley galt wegen ihres schnellen politischen Aufstiegs lange Zeit als Wunderwaffe der SPD: fachlich kompetent und diplomatisch, überall einsetzbar, sozial sowieso verträglich. Nach dem Doppeljob im Familien- und Arbeitsministerium ging sie schließlich ins dritte Ministerium: Sie wurde Justizministerin. Harte Arbeit machte ihr nichts aus, das hatte sie längst bewiesen.

Lange Zeit bin ich selbst einer Erzählung aufgesessen, die mir in der Schule und im Studium vermittelt wurde: Ich könnte heute alles haben, hieß es da. Beruflichen Erfolg (logisch, da ich als Mädchen im Durchschnitt ja die besseren Noten hatte und mich leichter anpassen konnte), eine schöne und bezahlbare Wohnung in einer netten Stadt, einen tollen Mann – und ein süßes Baby. Je älter ich werde, je mehr ich mitbekomme von anderen Müttern (und manchmal auch Vätern), von Elternzeiten und Elterngeld, von Kitaöffnungszeiten und Teilzeitkolleginnen, desto eher beschleicht mich der Verdacht: Die Erzählung war ein Märchen. Ich kann nach wie vor nur eines haben: Kind *oder* Karriere. In meinem Fall ist es ja nicht einmal eine Karriere, sondern einfach ein netter Job, den ich zufällig sehr liebe und der es mir ermöglicht, in nicht ganz so bezahlbarem Wohnraum in einer mehr oder minder freundlichen Stadt zu hocken und im Alter vielleicht nicht in absoluter Armut zu enden, so wie es vielen Frauen widerfährt, weil sie sich in ihren Dreißigern um ihre Kinder gekümmert und allenfalls in Teilzeit gearbeitet haben.

Kann ich doch nicht alles haben?

»Doch, können Sie«, meint Katarina Barley. »Doch, doch.« Es geht, meint Barley, viel um Vorbilder. Ihre eigene Mutter etwa hat immer gearbeitet, »so lange ich denken kann. Sie ist Ärztin.« Barley ist 1968 geboren, in der Stadt, in der ich heute lebe, aber eben zu einer ganz anderen Zeit, als es noch sehr normal war, dass Mütter daheimblieben und Väter das Geld verdienten. »Wir waren immer die Einzigen aus der Klasse, die nach der Schule in einen Hort gingen, was damals schon fast als asozial galt.« Zu ihrem Vater baute sie so ein enges Verhältnis auf. Er war Redakteur beim Radio und arbeitete ab vier Uhr in der Frühe. »Am frühen Nachmittag war er dafür zu Hause.« Sie habe das damals alles widerspruchslos mitgemacht, sagt Barley, den Hort, die Betreuung durch Erzieher. »Weil ich das immer toll fand, schon als Kind, dass meine Mutter das machte. Und weil ich auch gespürt habe, dass meine Mutter sehr, sehr unglücklich gewesen wäre, wenn sie nicht hätte arbeiten können.« Auch sie selbst wollte keine umsorgende Übermutter werden. »Ich hatte nie den Anspruch, dass ich 24 Stunden an sieben Tagen in der Woche in erster Linie Mutter sein würde.«

Nun hat meine eigene Mutter auch immer gearbeitet, bis auf das Jahr, in dem sie mich gestillt hat. Im Emsland konnten sich meine Eltern aber immerhin eine Kinderfrau leisten – und sie sind beide Lehrer, ein Beruf, der mit Kindern vielleicht besser zu vereinbaren ist als ein klassischer Nine-to-five-Bürojob. Trotzdem: Auch ich fand es als Kind immer toll, dass meine Mutter voll gearbeitet hat. Vor allem, weil ich gemerkt habe, dass meine Mutter selbst es toll fand. Zu Hause rumsitzen, das war nie etwas für sie. Wenn sie am Wochenende mal frei hatte, nichts im Garten zu tun und das Bad sauber war, hat meine Mutter gerne mal sämtliche Küchenschränke ausgeräumt und ausgeputzt. Da sind wir uns, das muss ich fairerweise einräumen, nicht besonders ähnlich.

Doch ich kenne auch die anderen Erzählungen. Sie kommen vor allem bei Paaren vor, die, anders als meine Eltern, nicht beide Lehrer sind. Sie kommen bei Paaren vor, die sich keine private Kinderbetreuung leisten können und die einen Job haben, der nicht am Nachmittag von zu Hause aus erledigt werden kann. In dem Moment, in dem Kinder ins Spiel kommen, bewegen sich viele Paare, die vorher gleichberechtig gelebt haben, zurück in alte Rollenmuster: sie zu Hause, er auf der Arbeit. Sie macht unbezahlte Sorgearbeit, er macht bezahlte Büroarbeit. Das spiegeln auch die Zahlen zur Elternzeit und zur Teilzeit wider.

Ich will von Frau Barley wissen, ob es konkrete politische Ansätze gibt, die diesen Rollback verhindern sollen. Die Familienarbeitszeit ist seit Langem ein Wunschkind der SPD, das aber nicht mit der Union zu vereinbaren war. »Ich habe damals die Verhandlungen geführt«, erzählt Barley. Nichts zu machen. Das Modell der Familienarbeitszeit sieht vor, dass beide Eltern auf 80 oder 90 Prozent Arbeitszeit reduzieren. Das Einkommen, das dadurch wegfällt, soll zu einem Teil vom Staat aufgestockt werden: maximal 300 Euro monatlich, so sieht es der SPD-Vorschlag vor. »Mein Ideal ist gar nicht, dass immer ein Elternteil das Kind versorgt. Sondern dass es so etwas wie ein Familienleben gibt.« Bezahlte Familienzeit quasi, nach skandinavischem Vorbild. Die Zeit, in der die Kinder klein sind und beide Eltern versuchen, zugleich im Job Schritt zu halten, ist nach Barleys Überzeugung für Beziehungen besonders gefährlich. »Das ist ein Grund, aus dem sich unglaublich viele Menschen trennen – mit schwerwiegenden Folgen, persönlich und gesellschaftlich.« Barley spricht da aus eigener Erfahrung. »Für die Kinder ist das fürchterlich, für die Ex-Partner ist das fürchterlich. Und was da alles dranhängt! Wie viele Familien wir haben, die so verkracht sind, dass sie die Gerichte ewig beschäftigen. Wir reden doch immer von gesellschaftlichem Zusammenhalt. Der Staat müsste dafür sorgen, dass Familien die Möglichkeit bekommen, zusammenzuhalten.«

Die Videofunktion fällt aus, Verbindungsprobleme. »Kann ich in dem Moment, in dem ich das Gefühl habe, unbeobachtet zu sein, mir schnell mal meine Teekanne holen?« Ohne Tee ist sie morgens nur ein halber Mensch und sie sitzt ja sowieso in ihrer Küche. Das Bild geht wieder an, im Hintergrund läuft Barleys Mann durchs Bild, macht sich Kaffee, die Maschine dröhnt. »Hören Sie mich noch?« Wir machen weiter.

Es ist nicht nur die Politik, die es vielen Frauen schwer macht, die Mutter werden wollen oder es schon sind. Auch auf dem Arbeitsmarkt gibt es nach wie vor massive Einschränkungen und Hindernisse. Wäre ich verheiratet, müsste ich mich derzeit, mit einunddreißig, wahrscheinlich gar nicht großartig irgendwo bewerben. Arbeitgeber würden vermuten, dass ich sowieso bald schwanger werden würde. Barley ergänzt: »Teilweise ist das aber auch eine Wechselwirkung, das wissen wir auch. Dass eben Frauen weniger Einstiegsgehalt im gleichen Beruf bekommen, weil es heißt: Herrgott, in zwei Jahren ist die ja eh weg.« Das Misstrauen der Arbeitgeber in junge Frauen, die schwanger werden könnten, erschwert einen Ein- und Aufstieg deutlich.

Aus Sicht der Unternehmer kann ich diese Rechnung im ersten Moment sogar verstehen: Als Mutter würde ich erst einmal ausfallen und danach unter Umständen weniger flexibel einsetzbar sein. Man müsste womöglich eine Elternzeitvertretung für mich finden. Und dass sich zwei Jahre später das Ganze noch mal wiederholt, ist auch nicht ausgeschlossen. Aus anderen Erhebungen und Erfahrungen im eigenen Unternehmen wissen Arbeitgeber oder gehen zumindest davon aus, dass es in der Regel die Mütter sind, die die Kinderbetreuung übernehmen und in Teilzeit arbeiten.

Wie also kann man die Berufswelt davon überzeugen, familienfreundlicher zu sein – selbst wenn es unökonomisch wäre? Katarina Barley will Elternschaft nicht als Nachteil verstanden wissen, sondern im Gegenteil als Beweis für besondere Fähigkeiten. »Es ist wichtig, dass Arbeitgeber sich vor Augen führen, dass Elternwerden eine Qualifikation ist. Man erwirbt damit Kenntnisse und Erfahrungen und Skills, die man nirgendwo anders bekommt.« Sie selbst hatte Glück: Ihr erster Arbeitgeber war auch Vater. »Der wusste, was ich da leiste: Ich habe als junge Mutter Examen gemacht und eine Doktorarbeit geschrieben. Das war einer der Gründe, warum er sich für mich entschieden hat.« Tatsächlich ist es aus Arbeitgebersicht einfacher, Mütter zum Wiedereinstieg zu motivieren, als Väter dazu, sich in der Kindererziehung zu engagieren. Für Arbeitgeber lohnt es sich schließlich nicht, die jungen Väter zum Wohle der Frau zur Elternzeit zu drängen – es sei denn, die Frau arbeitet zufällig in derselben Firma, was eher unwahrscheinlich ist. »Rein ökonomisch ist das auch schwer zu lösen.«

Trotzdem können Arbeitgeber es Eltern leichter machen. »Den Instrumentenkasten«, sagt Barley, »kennt man eigentlich schon sehr lange: Homeoffice, flexible Arbeitszeiten, Betriebskindergärten oder Betreuungsmöglichkeiten vor Ort.« Mit solchen Angeboten könnten Eltern viel flexibler sein und müssten sich gleichzeitig weniger Gedanken um Betreuung machen. Vielen Firmen, so Barley, fehle es einfach an Ideenreichtum. Sie will Firmen da nicht finanziell unter die Arme greifen, ihrer Meinung nach geht es um genau den Wandel, über den ich schon geschrieben habe: »Es geht wirklich nur über eine Kulturänderung.«

Wie aber kriegt die Politik mehr Väter dazu, endlich Elternzeit zu nehmen? »Richtige Elternzeit« nennt Barley das, also die Zeit, die über die zwei Monate hinausgeht, in denen die Familie sonst kein Elterngeld bekommen würde. Es wird in der Familienpolitik viel über folgendes Modell diskutiert: Nur wenn der Vater über einen bestimmten Zeitraum Elterngeld bezieht und in Elternzeit geht, bekommt die Mutter diese Zeit auch; diese Regelung gilt schon für die zwei sogenannten Vätermonate. Die sollen, so die Idee, dann auf vier oder fünf Vätermonate ausgedehnt werden. »Ein zusätzliches Angebot finde ich nicht schlecht«, meint Barley dazu. Schließlich kümmerten sich Väter, die länger in Elternzeit gewesen seien, im Laufe des

Lebens mehr um ihre Kinder als andere Väter. »Deswegen finde ich schon, dass man diesen Anreiz noch verstärken sollte.« Eine Studie des RWI-Leibniz-Instituts für Wirtschaftsforschung in Essen hat tatsächlich gezeigt, dass Elternzeit-Väter nicht nur mehr Zeit mit ihren Kindern verbringen, sondern auch generell mehr Aufgaben im Haushalt übernehmen als andere Väter.[10]

Ob Väter eine lange Elternzeit nehmen, kommt oft auch auf ihr soziales und regionales Umfeld an. Im *Väterreport* zeigt der Bundesländervergleich, dass Väter in Bayern (43 Prozent) und Sachsen (47 Prozent) zwar besonders oft Elternzeit nehmen, dies aber meist nur für zwei Monate. In Berlin zum Beispiel beträgt die durchschnittliche Elternzeitdauer von Vätern 3,8 Monate, in Bayern nur 2,7. Auch die jeweilige regionale Infrastruktur sowie die Auffassung von Rollenverteilungen in ländlichen Regionen sind Aspekte, die Familienpolitik mitbedenken muss. »Ich wohne ja quasi auf dem Land und stelle schon fest, dass die Wahrnehmung und die Anschauung hier ganz anders sind. Wenn man das Kind mit acht Wochen in die Kita gibt, wird man hier unter Umständen sozial geächtet,« erzählt Barley. Doch die Anschauung ist nicht das einzige Problem. Mindestens genauso schwierig ist es mit der Infrastruktur: lange Wege zu Betreuungsmöglichkeiten. Kitas, die spät öffnen und früh schließen. »In Baden-Württemberg gibt es noch Kitas, die machen mittags zu.« Da müsste dann jemand kommen und sich kümmern – und wer kann sich dafür schon zusätzliche Hilfe leisten? Auch lange Arbeitswege sind laut Barley ein Problem. Und noch etwas: »Die Angst, seinen Arbeitsplatz zu verlieren, ist viel größer – weil die Wahrscheinlichkeit, dass man keinen neuen findet, höher ist. Solche Dinge spielen da auch eine Rolle.« Dafür übernehmen in ländlicheren Regionen häufig die Großeltern die Erziehung und Betreuung.

Dann ist es aber auch so: In vielen Partnerschaften sind Männer nach wie vor die Hauptverdiener. Sie sind oft etwas älter, etwas erfolgreicher. 2019 haben Frauen insgesamt 20 Prozent weniger verdient als Männer, damit ist die Lohnlücke im Vergleich zu den Vorjahren um einen Prozentpunkt geringer, wie das Statistische Bundesamt im März 2020 bekannt gab.[11] Wenn es um den viel zitierten Gender Pay Gap in Deutschland geht, rufen viele Leute schnell: Aber die bereinigte Lohnlücke! Bereinigt, das heißt, dass der Lohnunterschied zwischen Männern und Frauen bei gleicher Qualifikation und in gleichen Berufen viel geringer ist. Dem Unternehmen Mercer zufolge lag die bereinigte Lohnlücke im März 2020 bei etwa 5,5 Prozent. Mein Kollege Patrick Bernau wiederum hat in einem Artikel darauf hingewiesen, dass auch die bereinigte Lohnlücke noch fehlerhaft sei, weil sie Elternzeiten, Teilzeiten, Fehlzeiten nicht mit einberechne.[12] Aus den längeren Elternzeiten ergebe sich, so Bernau, bei Frauen insgesamt eine geringere Berufserfahrung, was zu geringeren Löhnen führe. Aber sollte man eine Elternzeit wirklich als Mangel an Berufserfahrung auslegen?

Tatsächlich ist es so, dass Frauen häufiger einen besser verdienenden Partner haben als Männer eine besser verdienende Partnerin. Das ist in Anbetracht der Lohnlücke aber erstens keine Überraschung. Zweitens ergibt sich die unbereinigte Lohnlücke vor allem daraus, dass die Gehälter in frauendominierten Branchen, also etwa Pflege- und Sozialeinrichtungen, nach wie vor sehr gering sind.

Mütter werden, wenn es ums Geldverdienen geht, in Deutschland besonders abgestraft, wie eine Studie der Bertelsmann Stiftung zeigt.[13] Noch zehn Jahre nach der Geburt des Kindes verdienen Mütter durchschnittlich 61 Prozent weniger als im Jahr vor der Geburt des Kindes. Die Studie besagt, dass sich der Gender Pay Gap zwischen kinderlosen Frauen und Müttern immer weiter vergrößert. Die beiden Autorinnen führen als Grund für das Ergebnis vor allem an, dass in den meisten

Familien nach wie vor die Mutter in Teilzeit arbeitet und später schwerer wieder Fuß im Arbeitsleben fasst. Bei Vätern wiederum ist es interessanterweise umgekehrt: Sie verdienen bis zu 20 Prozent mehr Geld als kinderlose Männer.

»Man stößt irgendwann auf tiefer liegende Probleme, wie etwa die ungleiche Bezahlung von Männern und Frauen oder männer- und frauendominierte Berufe«, sagt Katarina Barley. Wie aber kann man diese verkrusteten Strukturen aufweichen? »Das ist die Hundert-Millionen-Euro-Frage«, entgegnet Barley. Stimmt natürlich. Aber fragen kann man ja mal. »Das passiert natürlich im Kopf«, so Barley weiter. »Dieses Bild, dass die Mutter doch am besten für ihr Baby ist, sitzt tief. Der fantastische Mann, den Sie hier jetzt zweimal durchs Bild haben laufen sehen, stammt aus den Niederlanden und ist in vielerlei Hinsicht der emanzipierteste Mann, den ich kenne – aber der findet das zum Beispiel auch. Er findet, dass die Bindung zur Mutter eine andere ist. Darf ich das erzählen, Marco?«, fragt sie, an dem Bildschirm vorbei, in ihre Küche.

»Alles«, ertönt es aus dem Off.

»Er selbst ist bei seiner Tochter zu Hause geblieben und hat sie seiner Frau zum Stillen auf die Arbeit gebracht. Und trotzdem sagt er: Das ist eine andere Form von Bindung«, erzählt Barley weiter.

»Ja«, kommt es wieder aus dem Off, »am Anfang.« Als Emsländerin, die nahe der Grenze aufgewachsen ist, erkenne ich den niederländischen Singsang in seiner Stimme sofort.

»Ja, aber wie lange definierst du Anfang? Drei Jahre, sagst du, vier.«

»Ja, mindestens. Vier.«

Barley selbst sieht das anders. Sie hatte schließlich immer die sehr enge Bindung zum Vater. »Und meine Kinder haben ebenfalls eine sehr enge Beziehung zu ihrem Vater.« Wie auch zu ihrem Großvater. »Von allen Bezugspersonen, die meine

Söhne haben, war es bei beiden so, dass sie als Babys zu meinem Vater eine ganz, ganze enge Beziehung hatten.« Sie erinnert sich an die Zeit zurück, als ihre Kinder noch klein waren. »Ich weiß es noch wie heute. Wir waren alle in einem Raum, es war ein ständiges Kommen und Gehen. Aber wenn mein Vater den Raum verließ, fing mein Sohn an zu weinen. Das hat nicht nur was mit Geschlecht und Austragen und Gebären zu tun.« Bezugspersonen könnten schließlich auch Männer sein. Die Frage sei nur, ob sie es auch sein wollen.

Auch bei Alltagssexismus gegenüber schwangeren Kolleginnen empfiehlt Barley positives Framing: »Dass jemand für vierzehn Wochen ausfällt, kann auch bei einem komplizierten Bruch passieren. Was aber eine Mutter mitbringt an Qualitäten, kann sie in jedem Beruf verwenden – ob sie an der Kasse sitzt, etwas organisieren muss, ein Team führt. Belastbarkeit, strukturiertes Arbeiten, Empathie, das sind echte Zusatzqualifikationen.«

Ich will von Katarina Barley wissen, ob eine Frauenquote für Führungspositionen eine sinnvolle Methode sein könnte – ein Anreiz, der vielleicht dafür sorgt, dass Mütter schneller und häufiger zurück in den Beruf gehen. Die verbindliche Frauenquote wurde gerade, im Herbst 2020, von der Großen Koalition beschlossen, die Kritik daran ist laut: Dass Frauen, die über eine Quote in bestimmte Positionen kämen, dann nicht so qualifiziert seien wie Frauen und Männer, die es ohne Quote schafften, hält Barley für ein überholtes Narrativ: »Das ist die alte Geschichte, dass manche Männer glauben, sie sind nur auf ihren Posten, weil sie so gut sind. Und auf die Idee, dass sie auch da sind, weil sie ein Mann sind und ihr Konkurrent eine Konkurrentin war, kommen die gar nicht. Es ist auch frustrierend, wenn man dann am Ende hört: Du kannst es nicht werden, weil es eine Frau sein muss. Ich verstehe das auch. Aber so, wie wir Frauen es erleben, ist es ja viel subtiler. Da wird es nicht ausgesprochen, dass wir den Job nicht kriegen, weil wir eine Frau sind. Wer das nicht erlebt hat, kann das vielleicht auch schwer nachvollziehen.«

Katarina Barleys Gesprächszeit ist um, wir haben sowieso schon überzogen. Mein Thema ist ja irgendwie auch ihr Thema, meine Fragen beantwortet sie alle ausführlich. »Mein Mann schnürt gerade seine Schuhe, den würde ich gerne noch verabschieden«, sagt Barley. Auch wir verabschieden uns. »Ich hol dich ab, ja?«, ertönt der niederländische Singsang noch aus dem Off – und das Bild schaltet sich aus.

Quote, Gender Pay Gap und Elternzeit, oder: Wie alles miteinander zusammenhängt

Ich denke noch weiter über die strukturellen Bedingungen nach, die Katarina Barley angesprochen hat, über Vorbilder und Quoten. Für die inzwischen tatsächlich beschlossene Frauenquote hat sich auch die Soziologin Jutta Allmendinger starkgemacht, die zuletzt unter anderem mit der maßgeblich von ihr initiierten sogenannten Vermächtnisstudie Aufmerksamkeit erregt hat. In dieser 2016 veröffentlichten Studie wird untersucht, wie die Deutschen ihre Zukunft gestalten wollen. Allmendinger schrieb 2016 in dem Zusammenhang in einem *ZEIT*-Artikel, dass Frauen sich noch immer entscheiden müssten: Kind oder Karriere. Die am Beginn dieses Kapitels angeführten Zahlen zur Elternzeit, zu Kinderbetreuung und Teilzeit sprechen dafür, dass ihr Befund auch heute noch gilt.

Ich rufe Frau Allmendinger an und frage nach: Warum sind wir noch immer nicht weiter? Auch Allmendinger führt »strukturelle Rahmenbedingungen« an. Es werden in Deutschland die falschen Anreize gesetzt: »Ehegattensplitting, kostenlose Mitversicherung, 450-Euro-Jobs – das alles sind Anreizfaktoren dafür, dass in einer Partnerschaft nur eine Person in

Vollzeit arbeiten muss.« Viele Paare, so Allmendinger, optimieren ihr »Hier und Jetzt« – ohne sich Gedanken darüber zu machen, was dann in zehn Jahren sein könnte. Auch Allmendinger plädiert darüber hinaus für eine Erweiterung der sogenannten Vätermonate. »Wenigstens vier Monate sollten es sein«, sagt Allmendinger. »Die momentan nur für Männer bereitgestellten zwei Monate nutzen viele Väter allerdings oft gleichzeitig mit den Müttern. Väter sind daher selten mal einige Wochen primär für die Kinder zuständig.« Mit dem sogenannten Vaterschutz als Pendant zum Mutterschutz könnte man die frühkindliche Bindung von Vätern weiter stärken, meint Allmendinger.

Es stimmt, es gibt Väter, die wissen nicht einmal, wie viel Arbeit es ist, zu Hause mit einem Kleinkind zu sein, die volle Verantwortung für ein Lebewesen zu tragen, und zwar mindestens fünf Tage die Woche ganz. Im Jahr 2016 haben 37 Prozent aller Väter Elterngeld beantragt, im *Väterreport* von 2018 ist die Rede von jedem dritten Vater. Das sind zwar noch nicht mal ansatzweise alle Väter, ist aber durchaus ein Fortschritt gegenüber den 3 Prozent, die dies noch 2007 taten. Von diesen Vätern beantragten 72 Prozent allerdings nur die zwei Monate, in denen es für die Familie sonst keine Bezüge gegeben hätte. Natürlich sind auch die zwei Monate begrüßenswert, damit Väter den Wert der Sorgearbeit kennenlernen und wissen, wie anstrengend sie sein kann. Es bedeutet aber auch, dass nach wie vor Frauen sehr viel länger nichts oder weniger verdienen als Männer – obwohl auch sie arbeiten. Das ist nicht als Väter-Bashing gemeint, im Gegenteil: Der schon erwähnte *Väterreport* des Bundesfamilienministeriums zeigt auch, dass ein Fünftel der Väter gern Elternzeit genommen hätte, sich aber nicht traute – aus Sorge vor beruflichem Abstieg oder weil Chefetagen und Kollegen Druck gemacht haben. 79 Prozent der im *Väterreport* befragten Väter gaben außerdem an, sich mehr Zeit für ihre Familie zu wünschen. Die derzeit verbreitete Aufteilung macht Väter offenbar nicht unbedingt glücklicher.

Gerade mit Blick auf den Arbeitsmarkt sei es zudem problematisch, wenn Frauen zu lange, und deutlich länger als Männer, in Elternzeit gehen, meint Allmendinger. »Als Arbeitgeberin in einem hochkompetitiven Wirtschaftsbereich, der Wissenschaft, ist es für mich schwierig, wenn eine Frau beispielsweise zweimal ein gesamtes Jahr wegen Elternschaft ausfällt. So eine Zeit kann man einfach schwer überbrücken. Anders sieht es aus, wenn wir von zweimal sieben Monaten sprechen und sich die Elternpause gleichmäßiger zwischen Eltern verteilt.« Allmendinger sieht hier noch ein weiteres Problem: Solange sich die Arbeitszeit ungleich zwischen Eltern aufteilt und nur Mütter nach der Elternzeit in Teilzeit arbeiten, werden diese von bestimmten Karriereoptionen ausgeschlossen. »Das führt unweigerlich zu einer ungleichen Balance zwischen Einkommen und Zeit, mit schwerwiegenden Folgen für Frauen.« Allmendingers Lösung: »Die Standardarbeitszeit muss geringer sein, wenn die Politik ein Modell der partnerschaftlichen Familienorganisation unterstützen möchte. In meinen Augen brauchen wir die Vier-Tage-Woche, für beide Elternteile.« Eltern könnten dann, so Allmendinger, in gewissem Umfang zeitversetzt arbeiten und hätten zugleich mehr Zeit für die nötigen anderen Lebensinhalte. Die Vereinbarkeit von Familie und Beruf wäre dadurch für beide gewährleistet.

Teilzeit, sagt Jutta Allmendinger, ist in Deutschland das selbstverständliche Arbeitsmodell für Frauen. Ebenso selbstverständlich wird unbezahlte Sorgearbeit als Frauenarbeit angesehen. »Fünfzig Prozent der Frauen arbeiten in Teilzeit und nur zehn Prozent der Männer. In dem Moment, in dem wir Teilzeit nicht mehr als Standardmodell für Frauen denken, verschieben sich ganz viele andere Ungleichgewichte auf dem Arbeitsmarkt zwischen Männern und Frauen.«

In der Vermächtnisstudie von WZB, infas und der *ZEIT* haben sich für Allmendinger klare Erkenntnisse zum Familienleben in Deutschland ergeben: Wenn Frauen Kinder haben, so sorgen sie auch für diese. Das ist unverhandelbar. »Das Einzige, woran man drehen kann, ist, ob man Kinder hat oder nicht. Aber Kind *und* Karriere ist in Deutschland immer noch kein gelebtes Modell für Frauen. Deshalb entscheiden sich zwangsweise viele Frauen, die Karriere machen wollen, gegen Kinder.« Für Allmendinger zählt deshalb die Anpassung des Arbeitsvolumens von Männern und Frauen als eine »wesentliche Zielvariable«. Sie will diese Anpassung auf keinen Fall so verstanden wissen, dass beide Eltern Vollzeit arbeiten und sich dann abmühen, um ihre Kinder möglichst gut zu betreuen und zu erziehen. »Das ist eine Mission Impossible. Dafür sind die Aufgaben zu viele.« Auch für Jutta Allmendinger selbst wäre es undenkbar gewesen, voll zu arbeiten und sich gleichzeitig voll um ihren Sohn zu kümmern, erzählt sie. »Ich hatte das Glück, dass ich den finanziellen Spielraum hatte, eine Kinderfrau anzustellen.«

Oft wird Jutta Allmendinger entgegnet, dass Frauen, die in Teilzeit arbeiten, dies zumeist freiwillig täten. Sie reduzierten, weil sie zwar Zeit für Haushalt und Betreuung freischaufeln müssen, aber auch, weil sie Zeit mit ihren Kindern verbringen wollen, weil sie sich vielleicht auch gern um ihre Kinder kümmern. Das sei ein ganz menschliches Bedürfnis. Diese Erzählung ärgert Jutta Allmendinger. »Damit macht man es sich viel zu einfach. Klar lieben Mütter (wie auch Väter) ihre Kinder. Wir müssen doch sehen, dass harte strukturelle Rahmenbedingungen herrschen und es eine wirkliche Entscheidungsfreiheit für Frauen gar nicht gibt.« Zu den äußeren Zwängen gehöre ein oft merklicher Altersunterschied in Partnerschaften. »Das heißt, Männer sind ein bisschen älter und damit ein bisschen weiter in der Karriere als ihre Partnerinnen.« Auch das führe dazu, dass Frauen häufig weniger verdienen als ihre Partner und eine viel schlechtere Verhandlungsmacht haben. Gleichzeitig gibt es laut Allmendinger immer noch das Vorurteil, Mütter, die schnell wieder erwerbstätig sind, seien Rabenmütter und Väter in Elternzeit hätten keine Karrierewünsche. Auch das schrecke Männer davon ab, mehr Elternzeitmonate zu übernehmen. «All diese Stereotype müssen aufgebrochen werden. Ich sehe die Politik und die Arbeitgeber in der Pflicht, Rahmenbedingungen für unterschiedliche Lebensentwürfe zu schaffen. Und wenn sich dann ein Paar angesichts der Auswahlmöglichkeiten für eine klassische Arbeitsteilung entscheidet – dann würde ich wirklich von ›wollen‹ sprechen. Heute von ›wollen‹ zu reden, das finde ich mehr als zynisch.«

Warum stellt die Politik nicht die nötigen Weichen, um Frauen und Männern gleiche Ausgangspositionen zu verschaffen? Auch Jutta Allmendinger kann das nicht verstehen und sagt: »Da ist kein Zug dahinter, da ist kein richtiger Wunsch nach Veränderung bei vielen Entscheidungsträgern zu erkennen.« Sie selbst hat sich nun einige Wochen lang erfolgreich für die gerade von der Großen Koalition entschiedene verbindliche Frauenquote in Unternehmensvorständen eingesetzt. »Mir hat dieses Engagement gezeigt: Wenn man gemeinsam für eine Sache kämpft, über Altersgruppen und Sektoren hinweg, dann kann man die Parteien oder eben sogar die Regierung schubsen und zum Handeln bringen.«

Als prominente wie meinungsstarke Beobachterin unserer Gesellschaft macht Jutta Allmendinger auch immer wieder mit Thesen über unser Miteinander von sich reden, zuletzt mit dieser hier: Die Corona-Krise werfe, so Allmendinger, Paare zurück auf den Stand der Achtzigerjahre. »Wir erleben eine entsetzliche Retraditionalisierung«, schrieb Allmendinger auf *ZEIT ONLINE*.[14] »In dem Moment, in dem der Staat ungefragt und undiskutiert Ressourcen zurücknimmt, ist das als solches schon eine Retraditionalisierung«, bekräftigt Allmendinger ihre These nun mir gegenüber. »Wo sollen denn die Kinder tagsüber hin? Und da es vor allem die Frauen sind, die Teilzeit arbeiten, sind sie es auch, die sich um die Kinder kümmern müssen.« Die einzigen Familien, bei denen es sich laut Allmendinger anders verhalten hat, sind jene, in denen die Frauen in systemrelevanten Berufen arbeiten und Männer im Homeoffice. Bei dieser Paarkonstellation habe sich die Betreuungslücke merklich verringert. Väter leisteten also bloß dann mehr Erziehungsarbeit, wenn die Frauen zum Arbeiten nicht zu Hause bleiben könnten.

Die Kritik an der Retraditionalisierungsthese verkenne oft die Grenzlast für Frauen, so Allmendinger. Zwar hätten Männer prozentual mehr Betreuungsarbeit übernommen als vor der Krise, absolut gesehen liege der Stundenumfang bei Frauen allerdings wesentlich höher. Zudem ließe sich bei Männern aufgrund des niedrigen Ausgangsniveaus proportional viel mehr als bei Frauen gewinnen. Allmendinger vergleicht es mit ihrer Zeit als Leistungsschwimmerin: Es sei für sie wesentlich schwieriger gewesen, durch weiteres Training ihre Zeit zu verbessern, als für ihren Bruder, der von einem sehr niedrigen Leistungsstand aus seine Bestmarke durch nur kurzes Training schnell wesentlich verbesserte. »Übertragen heißt das: Wenn Frauen ohnehin schon den Großteil an unbezahlter Sorgearbeit leisten, stoßen sie durch jede zusätzliche Stunde schneller an ihre Grenzen. Der Tag hat nur vierundzwanzig Stunden, und man braucht auch noch etwas Schlaf.« Corona zeigt also noch mal deutlich, was vorher schon schieflief an ungleicher Verteilung. »Für mich ist es eine deutliche Verschärfung der Situation und eine Rückkehr in alte Rollenmuster.«

Dabei geht es weder Allmendinger noch Barley darum, dass Frauen künftig so arbeiten wie Männer und dass Männer die unbezahlte Arbeit übernehmen. Es muss, so sagen beide, sich generell etwas ändern. »Es geht darum«, sagt Allmendinger, »dass die bezahlte und die unbezahlte Arbeit gleicher verteilt werden. Die Wirtschaft verliert dadurch ja nicht mal an Arbeitsvolumen.« Denn es würden lediglich die Arbeitszeiten von Männern (in Vollzeit) und Frauen (in Teilzeit) addiert und durch zwei geteilt, rechnet Allmendinger vor.

Jutta Allmendinger und der Vater ihres Sohns haben es einst selbst so gehandhabt, erzählt sie – die Arbeit fair aufgeteilt.

Es hängt also alles miteinander zusammen. Ohne Frauenquote haben wir weniger Frauen in den Vorständen und weniger positive Frauenvorbilder. Andere Frauen verdienen dann wiederum weniger, weil sie sich vielleicht nicht genug zutrauen oder ihnen nicht genug zugetraut wird. Aus Mangel an Vorbildern versuchen viele Frauen es womöglich gar nicht erst, in Leitungspositionen zu gelangen. Die sogenannte gläserne Decke, dass also Frauen an unsichtbaren, nicht ausgesprochenen und häufig subtil kommunizierten Maßstäben scheitern und nicht weiter hochkommen – die Quote könnte diesem Problem beikommen.

Wenn Frauen generell seltener in Leitungsfunktionen sind, weniger karriereorientiert arbeiten und sich solche Berufe suchen, die tendenziell eher im sozialen Bereich angesiedelt und schlechter bezahlt sind, ist die unbereinigte Lohnlücke von über 20 Prozent kein Wunder mehr. Aus der Lohnlücke ergibt sich später dann das partnerschaftliche Gefälle hinsichtlich der Finanzen, die Tatsache also, dass Männer in Beziehungen oft mehr verdienen als Frauen. Was wiederum dazu führt, dass Frauen öfter die Sorgearbeit, die unbezahlte Kinderbetreuung übernehmen. Das Gehalt, das weiter reinkommt, muss schließlich drei Personen oder mehr durchfüttern. All das zeigt, wie wichtig eine Frauenquote ist, nicht nur symbolisch, sondern auch für die Lebensrealität. Sie könnte ein Umdenken anstoßen, einen Kulturwandel.

Frauen fehlen aber nicht nur Vorbilder, sie werden auch

aktiv diskriminiert. Etwa bei der Besetzung von Stellen, wenn sie im »gebärfreudigen« Alter sind. Aber vor allem auch, wenn sie Mütter sind. Eine von der ebenfalls am WZB arbeitenden Soziologin Lena Hipp durchgeführte Studie zeigt, dass Frauen mit Kindern rund ein Drittel mehr Bewerbungen schreiben müssen als kinderlose Frauen.[15] Für Männer mit Kindern änderte sich hingegen nichts. Für die Studie wurden mehr als 800 fiktive Bewerbungen auf echte Stellenangebote verschickt, in einem Berufsfeld, in dem ungefähr gleich viele Männer und Frauen arbeiten.

Es gibt also verschiedene Instrumente, die dabei helfen könnten, die Ungleichheit von Männern und Frauen, insbesondere aber von Müttern und Vätern, zu bekämpfen: Frauenquoten, andere Regelungen zur Elternzeit, Familienarbeitszeit. Ein Arbeitsmarkt, auf dem die 40-Stunden-Woche nicht die Regel oder zumindest nicht mehr Voraussetzung für Karriere- und Aufstiegschancen ist. Vertrauen in Mütter und Väter setzen, Elternschaft als Zusatzqualifikation begreifen, nicht als Makel oder Karrierekiller. Und zu guter Letzt: Frauen die Leitung zuzutrauen. Dass Frauen in Führungspositionen und bestimmten Arbeitsbereichen fehlen, wirkt sich am Ende auch auf den häuslichen Bereich aus – und umgekehrt. Wenn es keine Frauen, keine Mütter in Führungspositionen gibt, dann müssen Mütter, die dies anstreben, immer Pionierinnen sein. Das bedeutet zusätzlichen Stress.

Die Tatsache, dass alles miteinander zusammenhängt, sorgt genau für die Strukturen, die Barley und Allmendinger meinen und die ihrer Ansicht nach aufgebrochen werden müssen. Und ich stimme Jutta Allmendinger zu: Die Politik ist in der Pflicht.

Lilli – eine Mutterschaft in Deutschland

Die Schwangerschaft war nicht geplant. Am Anfang verdrängt Lilli* es, obwohl sie es sich eigentlich denken kann. Sie hatten verhütet, hormonell, mit dem Ring – bombensicher oder zumindest genauso sicher wie die Pille, also: ziemlich sicher. Aber ihre Periode ist überfällig, schon einige Tage. Sie macht einen Schwangerschaftstest, der ist recht eindeutig. Und noch einen, der ist dann noch eindeutiger.

Auf der Arbeit ist viel los, Lilli hat gerade erst einen neuen Job angefangen und ist noch in der Probezeit: Sie hat jetzt mehrere Männer unter sich, arbeitet in der Produktentwicklung ihrer Firma in einer deutschen Großstadt, ist eine der wenigen Frauen in diesem Bereich. Sie hat wichtige Meetings, die Entwickler aus Budapest sind gerade da, ihr Projekt ist in einer heißen Phase, sie will sich beweisen. In der Mittagspause sagt sie, sie müsse sich ihre Nackenwirbel einrenken lassen. Stattdessen geht sie zum Frauenarzt. Die Bestätigung: Sie ist schwanger. Das zieht ihr erst mal den Boden unter den Füßen weg.

Irgendwie funktioniert sie weiter an diesem Tag, irgendwie funktioniert sie weiter in den nächsten Tagen. Alles zieht an ihr vorbei, wie hinter einem Schleier, sie selbst hält sich irgendwie über Wasser, geht weiter arbeiten, obwohl jetzt alles anders ist. Sie ist immer eine gewesen, die im Büro »auch mal zehn oder

* Die Namen in diesem Kapitel habe ich auf Wunsch der Protagonistin verändert.

zwölf Stunden ballert«. Ehrgeizig, aber auch einfach: gut. »Ich habe am Montag den Schwangerschaftstest gemacht, habe mir am Dienstag vom Frauenarzt bestätigen lassen, dass ich in der siebten Woche schwanger bin, bin zurück ins Büro und habe getan, als ob nichts wäre.« Sie weiß heute nicht mehr, wie sie das gemacht hat. »Modus: Durchziehen.«

Dabei ist Lilli eigentlich genau eine der Frauen, für die es heute ein Leichtes sein sollte, ein Kind zu bekommen und das mit ihrer Karriere zu vereinbaren. Gleichzeitig gehört sie aber eben auch zu den Frauen, die seit jeher seltener und weniger Kinder bekommen: Akademikerinnen. Sie ist dreißig Jahre alt, im Beruf schon längst erfolgreich, hat eine schöne Wohnung und nette Kollegen. Gleichzeitig aber hat sie eine recht junge Beziehung, eine Fernbeziehung obendrein – und der werdende Vater ist genauso erschrocken wie sie. Abtreiben kommt für sie eigentlich nicht infrage, seit sie beim Ultraschall auf dem Bildschirm ihr Kind gesehen hat. Trotzdem gehen sie erst mal zur Beratung bei pro familia. »Es ging aber nicht ums Abtreiben, sondern darum, unsere Ängste zu besprechen.« Sam, ihr Freund, macht sich Sorgen: Er freut sich nicht so, wie er immer dachte, er müsste sich freuen. Heißt es nicht immer, man sei außer sich vor Aufregung bei so einer Nachricht?

Nach dem Gespräch geht es beiden viel besser. Lilli glaubt, dass sie es zusammen schaffen können. Allein hätte sie es sich nicht zugetraut. Das Kind dann nicht zu kriegen, hätte sie sich allerdings, wie sie sagt, »nicht verziehen – und ihm auch nicht«. Aber es wäre dann vielleicht so gekommen. Sie entscheiden sich gemeinsam für das Kind. Und müssen damit sofort die nächsten Entscheidungen treffen: Wann sagen sie es anderen Leuten? Ihren Arbeitgebern? Der Familie? »Wenn ich die zwölf Wochen abgewartet hätte, hätte ich drei Tage nach dem Ende meiner Probezeit erzählen müssen, dass ich schwanger bin.« Das wäre rechtlich vollkommen unproblematisch gewesen. Menschlich erscheint es ihr nicht fair. Sie sagt es ihrem Chef vorher. Es läuft viel besser, als sie es erwartet hätte. Die Probezeit läuft aus, beide Chefs, mit denen sie spricht, reagieren verständnisvoll. Der eine ist selbst Vater.

Lillis Freund Sam will in ihre Stadt ziehen – das klappt aber nicht direkt. Die Geburtsvorbereitungstermine machen sie am Wochenende. Für manche Treffen mit der Hebamme nimmt er sich frei, ansonsten ist Lilli viel allein. Für viele schwangere Frauen wäre das nicht leicht gewesen, natürlich nicht. Lilli aber genießt diese Zeit in vollen Zügen, ihre Unabhängigkeit, die ihr immer so wichtig war, ihre »letzte Freiheit«; sie unternimmt fast jeden Abend etwas. »Aber mir ging es auch sehr gut. Wenn ich gelitten hätte, wäre es schwierig geworden.« Sie gönnt sich einfach vieles selbst, geht zur Massage, geht ins Schwimmbad. Und sie hat sowieso gern Zeit für sich, braucht das auch. Im Rückblick war die Schwangerschaft für sie sehr schön.

***

Lilli und ich kennen uns schon ewig: Seit wir mit neun Jahren angefangen haben, zusammen Basketball zu spielen. Damals trug sie noch eine Brille, ich nicht – heute ist es genau andersherum. Lilli hat sich längst an die Kontaktlinsen gewöhnt, die man mir nicht mal in die Nähe meiner Iris halten muss, und schon fängt mein Auge heftig an zu zucken und zu tränen. Obwohl wir in all den Jahren nicht die engsten Freundinnen waren, mochten wir uns immer sehr und haben uns irgendwann, als wir längst erwachsen waren, in einer großen deutschen Stadt wieder gemeinsam auf dem Basketballfeld stehen sehen.

Ich spiele halb blind, aber mit unerbittlichem Ehrgeiz, Lilli ist genauso ehrgeizig, nur sieht sie alles. Wir sind beide auf dem Flügel, sie rechts, ich links. Aber Lilli kann auch auf dem Center spielen, und obwohl sie nicht viel größer ist als ich, holt sie fast alle Rebounds.

Ich gehe dann schon ab, kriege den Pass von ihr, denn sie ist schnell, und schließe ab, Korbleger links. In der Regel ist der drin, ich punkte viel und gerne, gelte als Ego-Zockerin. Lilli hat dafür einen viel besseren Schuss, trifft von außen so gut wie alles, und wenn sie zum Korb geht, hat sie einen Hakenwurf, den ich noch nie erfolgreich verteidigt gesehen habe. Wenn im Spiel ein Ball abhandenkommt, Richtung Aus rollt, dann gibt es zwei Spielerinnen, die sich unter Garantie hinterherwerfen: Lilli und ich. Ich schlittere in der Regel über den Boden, habe ständig aufgeschürfte Knie, Lilli ist so schnell, dass sie ihn auch so kriegt. Wenn man seit so vielen Jahren zusammenspielt, weiß man genau, wie die andere in brenzligen Situationen tickt. Wenn eine von uns den Ball hat, muss sie die andere nur kurz anschauen. Dann ist alles gesagt.

Wenn ich Lilli heute besuche, spiegle ich mich in ihr. Wir sind uns nicht in allem ähnlich, doch wenn man unsere Lebensläufe nebeneinanderlegt, gibt es da schon signifikante Parallelen: Wir kommen aus demselben Ort und aus einem sehr ähnlichen Elternhaus. Unser Outlet war immer: Basketball und Laufen, Basketball und Laufen. Wir sind später beide in dem, was wir machten, einigermaßen erfolgreich geworden, haben uns beide stark darüber definiert. Auf unsere Weise waren wir immer sehr unabhängig, oft zielstrebig. Nur dass Lilli jetzt eben in einer anderen Stadt lebt, in einer lichten Wohnung mit offenem Wohnzimmer, einem schönen Mann und einem Baby, bei dessen Anblick mir das Herz stehen bleibt: Max. Max krabbelt zu meinen Füßen herum und sammelt die Krümel auf, die ich beim Keksessen verursache. Ich nehme sie ihm sanft aus den kleinen, klebrigen, speckigen Fingern: Er soll noch keinen Zucker essen. Wenn ich ihn auf den Arm nehme, durchströmen mich die seltsamsten Gefühle. Es ist kein Mythos: Babys riechen wirklich nach Milch und Honig, so etwas Süßes habe ich zuvor nicht gekannt. Er schaut mich leicht zweifelnd an. Fang jetzt bloß nicht an zu heulen, fang jetzt bloß nicht an zu heulen, denke ich und meine damit sowohl ihn als auch mich. Ich schneide ein paar Grimassen. Max verzieht das kleine, ernste Gesicht mit den braunen Augen – und lacht. Was für ein Sound!

Könnte ich auch einen Max haben?, frage ich mich. Den schönen Mann habe ich schon, so viel ist sicher, und ordentlich ist er, im Gegensatz zu mir, auch. In unserer leicht chaotischen Pärchenwohnung würde ich derzeit allerdings kein Baby auf den Boden setzen. Zu viele elektrische Geräte, zu viel Staub und verlorene Pistazien unterm Sofa. Die Wäsche hängt auch mal drei, vier Tage zu lang auf dem Ständer, weil ich vergesse, sie wegzuräumen. Und ich reise viel, zu Terminen, Events, Interviews. Passt ein Max da rein?

***

Kurz vor dem Geburtstermin wird bei Lilli die Geburt eingeleitet, das Fruchtwasser wird weniger. Sie hat Sturmwehen, was bei Einleitungen häufig vorkommt, also: Wehen ohne Pause. Zwanzig Stunden später dann doch: Kaiserschnitt.

Was sie im Krankenhaus erlebt, verstört Lilli tief. Eine Situation wie diese – vollkommen ungekannt und ohne die Möglichkeit, sich richtig darauf vorzubereiten – hat sie noch nie erlebt. »Du liegst nackt da – und weißt nichts. In diesem Moment verlierst du alles: Deine komplette Privatsphäre, deinen kompletten Selbstschutz.« Irgendwelche Leute, die sie noch nie gesehen hat, schieben ihr Hände in die Vagina. Sie fühlt sich machtlos, sie hat Angst, ist so verdammt fragil. Nicht nur ihr Körper ist nackt – da ist nichts, was ihre Seele beschützen kann. Sie ist sonst tough, weiß sich immer gut abzugrenzen. »In bekannten Situationen kann ich Selbstschutz aufbauen. Wenn ich mich auf der Arbeit oder beim Sport übernehme, weiß ich, wie ich reagieren kann.« Sie steht unter Schock. Nach der Geburt hat sie aus medizinischer Sicht leichte postnatale Depressionen. So hat sie sich vorher nicht gekannt. Sie hat nie zu depressiven Verstimmungen geneigt. Sie weiß nicht mehr, wer sie ist, kann mit der heulenden, jungen Mutter im Bett nichts anfangen. Sie findet nicht in ihren Körper zurück; die Schmerzen nach einem Kaiserschnitt sind in der Regel stark, sie empfindet sie als fast noch mal so schlimm wie die Wehenschmerzen davor.

»Das ist dieser vermeintliche Baby-Blues, den die Leute immer so darstellen, als wäre man kurz mal Bridget Jones und würde im Bett Eis essen«, erzählt Lilli. Dabei sei es eine ganz andere Hausnummer. »Und körperlich ist man nach einem Kaiserschnitt einfach ein Wrack.« Es gibt viele Frauen, denen geht es nach der Geburt sehr gut. Es gibt aber auch viele, denen ergeht es ganz ähnlich wie Lilli. Das Geburtserlebnis hat tief in ihr etwas verändert, an ihrer Mitte, die sonst immer so gefestigt war, gezerrt und geruckelt, sie genommen und in tausend Splitter zerschlagen. »Du bist nicht mehr du – nicht mehr die Vorstellung von dir, die du immer hattest.« Was sie besonders schockiert: Wie wenig Sensibilität ihr Umfeld aufbringt. Ihre Frauenärztin meint, sie solle Vitamin D nehmen. Im Krankenhaus werden postnatale Depressionen zwar nicht mehr wegignoriert, doch eine richtige Lösung hat niemand. Ist dann halt so. Und Sam steht mit Max daneben und ist hilflos. Einzig ihre Hebamme weiß Rat, spricht mit dem Paar, fragt auch Sam, wie das alles für ihn ist, zeigt tiefes Verständnis. Ein paar Monate später kommt die Hebamme noch mal bei ihnen zu Hause vorbei. Lilli geht es inzwischen deutlich besser, obwohl sie immer noch gelegentlich Tage hat, die sie durchheult. Die Hebamme erzählt, sie betreue gerade fünf Frauen. Vier davon habe sie schon an eine Psychotherapie vermittelt. Die Geburt kann Mütter ganz schön mitnehmen.

Irgendwann kommt Lilli wieder im eigenen Körper an. »Wenn man wieder Sachen machen kann, ein bisschen Sport machen, das Hormonchaos in eine andere Richtung pushen.« Trotzdem gibt es immer wieder sehr schwere Tage, über Monate hinweg zieht es sich immer wieder zu, ganze Tage sind schwarz und schwer und dunkel.

Heute ist sie »recht safe«, glaubt sie. Sie fürchtet keine weiteren depressiven Episoden. Die Phasen resultierten, wie sie sagt, »auch aus der Erwartungshaltung, dass, sobald man Mutter ist, alles shiny und rosa und das Kind das Allersüßeste ist«. Nur die Belastung, auf die fühlte sie sich so nicht vorbereitet. Sie glaubt, dass es sie genau wegen ihrer eigentlich unabhängigen Disposition so weggehauen hat: »Das trifft vielleicht auch häufig Frauen, die vorher sehr unabhängig sind, die Sport machen, einen Job haben, die gewohnt sind zu ballern.« Weil ihr Selbstbild plötzlich auseinandergebrochen ist. Nach der Geburt denkt sie: Lieber wäre sie wieder im neunten Monat schwanger. Da konnte sie zumindest noch viel machen. Sie war auf dem Stepper, konnte schwimmen, Dinge unternehmen. Jetzt, nach der Geburt, kann sie nichts machen, außer ihr Kind zu stillen. »Und darauf war ich nicht vorbereitet.«

Als ich ein anderes Mal bei Lilli bin, Max ist noch kleiner und kann noch keine Kekskrümel aufsammeln, erzählt sie mir, dass sie all den Stress, von dem junge Eltern sprechen, nicht so stark empfinde. Max ist, das muss man dazusagen, ein ziemlich entspanntes Kind. Sie haben Glück. »Es gibt Leute, die stellen das dar, als würden die Eltern zu Zombies, als hätte man keine Beziehung mehr untereinander.« Für Lilli kommt es darauf an, wie man damit umgeht. Was sie viel mehr stresst, ist alles drum herum. Die größte Herausforderung für sie: »Tausend Leute mischen sich ein, alle wissen es besser. Und ich, ich hatte keine Ahnung. Aber niemand hat Ahnung. Weil du einfach nicht weißt, wie es ist, ein Kind zu haben, bevor du eines hast.« Die vielen gut gemeinten Ratschläge, auch das »Stell dich nicht so an«, all die Tipps und Tricks, mit denen Menschen teilweise ungefragt an Lilli herantreten – es macht sie fertig.

Was sie auch nicht gebrauchen kann, sind irgendwelche

Sprüche oder Kommentare von Sams Freunden und Freundinnen, die selbst gar keine Kinder haben. Einmal sagen ihr zwei Bekannte, die zweite Geburt sei weniger leicht als die erste. So etwas macht Lilli fuchsteufelswild. »Allein ›leicht‹ und ›Geburt‹ in einem Satz!« Mal ganz abgesehen davon, dass diese vermeintliche Weisheit nicht stimmt.

Die Erwartungen, die von der Gesellschaft an sie herangetragen werden, sind schlicht, »dass es dem Kind gut geht. Als Mutter bist du egal. Das ist nicht mal überspitzt formuliert: Dass dich jemand ehrlich fragt, wie es dir geht, nachdem du ein Kind bekommen hast – das passiert so gut wie gar nicht.« Sie wird nicht mehr gesehen – und das ist auch irgendwie in Ordnung, Max ist ja auch wirklich süß. Sie versteht es. Aber ein wenig verloren, ja missachtet kommt sie sich schon vor. Von den vielen Tipps ist sie schnell genervt. Sie soll keinen Kaffee trinken, bestimmte Dinge nicht essen, sich beim Stillen auf eine andere Art und Weise abstützen. Und alles nur, damit es dem Baby gut geht. Dabei ist es doch das Wichtigste für das Kind, dass es der Mutter gutgeht, oder etwa nicht?

Wenn sie und Sam heute Freunde und Bekannte treffen, bekommt Lilli viel zu hören. Sie ist ausnehmend schlank und hübsch, das war sie immer. Aber zehn Monate nach der Geburt? Da kann doch was nicht stimmen, suggerieren die überraschten Kommentare. Sam erhält zweifelhafte Komplimente von seinen Freunden – dass er eine Freundin hat, die Mutter ist UND sexy. Das finden offenbar viele Menschen beachtlich. Lilli fühlt sich in Schubladen gesteckt: Sie ist Frau, das war sie immer. Aber sie ist auch Mutter, also irgendwie nicht mehr heiß. Dann aber ist sie eben eine sportliche, schlanke Mutter. Darf man sie also wieder heiß finden?

»Unglaublich«, sagt Lilli, wir blicken uns an. »Heiße Mutter und Basketballerin«, sage ich. Wir müssen grinsen.

Es gibt noch andere Erwartungen und Schubladen, mit

denen Lilli und Sam konfrontiert werden. Als Lilli schwanger ist, kann sie die Sprüche schnell nicht mehr hören. Die Leute freuen sich auf ein »Schokobaby«. Auf ein gemischtes, süßes Kind mit Afro und dunkelbraunen Augen. Mit genau dem richtigen Grad an Hautfarbe. Lilli ist genervt. Seit sie mit Sam zusammen ist, hat sie den Rassismus, mit dem er konfrontiert wird, zwar einige Male unmittelbar erlebt – doch was jetzt auf sie niederprasselt, hat eine andere Dimension. Vorher hat sie sich nie Gedanken darüber gemacht, nun ist sie gezwungen, darüber nachzudenken: Ihr Kind wird Rassismus erfahren, auf irgendeine Weise. Lilli spürt einen Schmerz, den sie als Weiße vorher nicht kannte. Und Sam? »Hat vorher schon viel geschluckt.« Auch Dinge, die Lilli vielleicht nicht immer mitbekommen hat. Wenn Leute sie fragen, woher ihr Freund kommt, antwortet sie »Aus Berlin«. Vieles ist subtil.

Sam ist schwarz, Lilli weiß – und Max? Hat helle Haut. In den Sommermonaten ist Sam sehr darauf bedacht, seinen Sohn einzucremen, Lichtschutzfaktor 50. Die Haut ist empfindlich bei Babys. Ich treffe ihn im Freien, mit dem Kinderwagen, als er mir vom Eincremen erzählt. Max hat noch ganz blaue Augen. »Die dunkeln nach, werden braun«, mutmaße ich. »Wieso?« Sams Augen blitzen. »Ihr habt doch beide braune Augen«, erkläre ich. Meine eigene Übergriffigkeit erschreckt mich. »Gut, Lillis sind grün-braun.« Ich habe es wirklich so harmlos gemeint. Das Gespräch wird mir noch wochenlang im Kopf herumgehen.

Immer wieder kommentieren die Leute das Aussehen von Max. Lilli weiß gar nicht, was schlimmer ist: Dass man ihr unterstellt, sie habe Sam betrogen und er sei gar nicht der Vater? Oder dass ihr Baby nicht einfach eine Hautfarbe haben darf – egal welche? Oder dass man Sam seine Vaterschaft abspricht? Mal ganz abgesehen davon, dass Max' Hautfarbe einfach zu erklären ist, meinen die beiden: Sams Vater ist schwarz, seine

Mutter ist weiß. Und überhaupt: Wäre ihr Baby dunkler, was würde das ändern? Sie fühlen sich ohnmächtig. Man soll ihrem Baby nicht die Unschuld rauben. Und es schon gar nicht in rassistische Kategorien einordnen.

Sie entwerfen einen Schlachtplan. Wie wollen sie künftig damit umgehen, wenn Max' Hautfarbe Thema ist? Sie beschließen, in die Offensive zu gehen. Jedes Mal weisen sie nun darauf hin: Es ist nicht cool, die Hautfarbe unseres Kindes zu besprechen. Das sind rassistische Vorurteile. Bitte hört auf damit. Sie wollen niemanden beschämen. Sie wollen aber auch nicht, dass ihr Baby für rassistische Stereotype herhalten muss. Die meisten Menschen sind lernfähig. Auch ich.

Neben all den seelischen und körperlichen Anstrengungen, die ein Baby mit sich bringen kann, gibt es da aber immer noch das alte Leben. Das Leben, das Lilli vorher hatte. Und in das sie nun zurückkehren soll, obwohl jetzt alles anders ist. Obwohl sie sich nun anders kennt, das Leben anders kennt. Sie will zurück, zurück in den Job, zurück in die Welt, in der sie sich so gut zurechtgefunden hatte, in der sie nicht das überforderte Nervenbündel mit null Ahnung ist, sondern eine toughe, coole, selbstbewusste Frau. Eine Frau, von der andere Frauen sagen: So will ich sein. Eine Frau, mit der man gern zusammenarbeitet, weil sie gut ist und schnell, aber auch nett und lustig.

Sie konnte sich von Anfang an nicht vorstellen, ein Jahr daheimzubleiben. Am Anfang nehmen sie und Sam zwei Monate gemeinsam Elternzeit. Lilli will nach acht Monaten zu Hause wieder einsteigen, Sam soll dann noch mal zwei Monate Elternzeit nehmen.

»Was wir nicht mehr vor der Geburt geklärt haben, waren Vaterschaft und Sorgerecht.« Bei unverheirateten Paaren müssen Väter die Vaterschaft offiziell anerkennen. Andernfalls hätte die Mutter das alleinige Sorgerecht. Sam erkennt also Max an und wird daraufhin auch in dessen Geburtsurkunde als Vater eingetragen. Alles Dinge, die selbstverständlich gewesen wären, wären sie verheiratet gewesen. Dafür müssen sie sich zumindest nicht auf Steuerklassen einigen. Dass sie mit einer Heirat viel Geld sparen würden, fühlt sich trotzdem unfair an.

Insgesamt 36 Monate Elternzeit stehen Lilli und Sam zu. 24 Monate davon können Eltern bis zum achten Lebensjahr des Kindes aufteilen, wie sie wollen. Das heißt, Lilli könnte nach einem Jahr wieder beruflich einsteigen, um dann später noch mal Elternzeit zu nehmen, wenn Max schon älter ist. Die anderen 12 Monate Elternzeit müssen bis zum dritten Geburtstag des Kindes genommen werden. So sieht es die aktuelle Elternzeit-Regelung vor.

Den beiden steht nun außerdem 14 Monate Basiselterngeld zu – bei Paaren, bei denen nur ein Partner Elterngeld bezieht, sind es 12 Monate. Das Basiselterngeld beträgt 65 Prozent des vorherigen durchschnittlichen Nettogehalts (bezogen auf die letzten 12 Monate). Es ist allerdings auf 1800 Euro gedeckelt. Wer vorher nicht gearbeitet hat, bekommt 300 Euro Elterngeld. »Wenn die Frau die Haupt- oder Alleinverdienerin ist, ist das echt ein Punkt«, meint Lilli. »Es ist vom Prinzip her schon darauf ausgelegt beziehungsweise geht davon aus, dass der Mann der Hauptverdiener ist.« Wenn Mütter dann ihr Kind stillen wollen, müssen sie auf Geld verzichten, so einfach ist das. Das kommt einem vielleicht vor wie eine Kleinigkeit. Doch es sind all die feinen und kleinen Dinge, die ein System aufrechterhalten, das patriarchal ist und das zugleich sagt: Na ja, uns ist es damit doch immer gut gegangen. Wir sind doch immer gut gefahren. Und das uns sagt: Wenn du es ändern willst oder nur anders machen willst, musst du eben zurückstecken. Im Prinzip geht es Familien in Deutschland finanziell besser, wenn sie sich rollenkonform im traditionellen Sinne verhalten. Es geht ihnen besser, wenn Mütter weniger verdienen und Väter kürzer zu Hause bleiben. Allein die Vollzeitunterbringung ist so teuer, dass Lilli das Gefühl hat, dass sie erst einmal nur wieder arbeiten geht, um die Kita zu bezahlen. Dass sie einen Platz bekommen haben, war sowieso Glück: Einmal im Jahr werden in der Stadt, in der sie leben, die Kitaplätze vergeben. Wenn es einem zu dem Zeitpunkt nicht passt, muss man unter Umständen noch mal ein ganzes Jahr warten, bis man einen einigermaßen bezahlbaren Betreuungsplatz findet. »Gefühlt ist es viel leichter, den herkömmlichen Weg zu gehen«, meint Lilli. »Es ist leichter zu sagen: Ich geh' ein Jahr raus, für jedes Kind mindestens, vielleicht auch länger. Allein die Betreuungskosten und die Organisation – da braucht man schon eine große intrinsische Motivation, um den Weg nicht zu gehen.« Lilli hat diese Motivation, sie will zurück, muss es einfach schaffen. Und dabei macht es ihr Arbeitgeber ihr sogar sehr leicht.

Der Berufseinstieg nach der Geburt geht auch schneller, nach sechs Wochen, nach acht Wochen, nach zwölf Wochen – Länder wie Schweden machen es vor. »Dann musst du schnell abstillen. Aber körperlich ist es nicht ganz leicht. Du musst dann eben noch abpumpen und so weiter. Du musst dann schon echt hart im Nehmen sein.« Andererseits: In einem Großteil der anderen Länder ist das gang und gäbe. Und sogar in Deutschland gibt es gesetzlich geregelte Pausen, die Frauen nehmen dürfen, um abzupumpen. »Aber ich kann mir einfach nicht vorstellen, dass das in deutschen Büros häufig passiert. Du bist da unterwegs wie ein Alien.« Muttermilchflecken im Brustbereich erscheinen vielen Leuten im Bürokontext als peinlich. Ich selbst muss daran denken, dass ich von männlichen Kollegen mitunter schon sehr irritierte Blicke bekommen habe, wenn ich nur mit einem Tampon Richtung Klo gelaufen bin. Ich will nicht wissen, wie sie schauen würden, wenn sie mich mit einer Brustpumpe gen Toilette gehen sehen.

Lilli steigt bald mit zwanzig Stunden in der Woche wieder ein, ohne Brustpumpe, Max ist inzwischen zehn Monate alt. Das alte Leben, Lilli will allmählich wieder hineinfinden, und dass sie das auf diese Weise tun kann, ist ein gewisses Privileg, das weiß sie. Dass sie sich auf die Arbeit freut, ist sowieso klar. »Ich hoffe, innerhalb der nächsten Monate dann auf dreißig Stunden zu gehen. Zwanzig Stunden sind wirklich wenig, um auch größere Projekte zu bearbeiten. Und da ist natürlich auch ein finanzieller Aspekt. Ich kriege sonst weniger Geld als jetzt Elterngeld.«

Sam wird fürs Erste weiterhin voll arbeiten. Ob sie es auf Dauer so regeln? Lilli kann sich nicht vorstellen, eine der sogenannten Teilzeitfrauen zu werden. Aber beide in Vollzeit? Auch das erscheint unmöglich, mit der Wohnung, dem Kind und dem, was dann noch für die Beziehung bleibt. »Es sollte normal sein, um 17 Uhr zu gehen. Dann ist es auch was anderes, wenn du ein Kind hast.« Solange aber in anspruchsvollen Jobs eine 60-Stunden-Woche erwartet wird, klappt das nicht. Lilli glaubt, dass sie, solange Max klein ist, auf Dauer beide reduziert arbeiten werden. Allein: »Wenn ich jetzt auf 50 Prozent bliebe und dann irgendwann ein zweites Kind käme, würde ich fast gar kein Elterngeld mehr bekommen.« Zumal die ständige Teilzeitarbeit eines Tages Auswirkungen auf ihre finanzielle Sicherheit haben könnte. Nicht umsonst sind Frauen eher gefährdet, in Altersarmut zu landen als Männer. Da ist zum einen die Lohnlücke, die schlechtere Bezahlung von traditionell weiblich dominierten Jobs. Und dann ist da zum anderen eben die Tatsache, dass es meist die Mütter sind, die nach der Geburt der Kinder in Teilzeit arbeiten – und gleichzeitig unbezahlte Sorgearbeit übernehmen. Finanzielle Abhängigkeit vom Partner kann Lilli sich nicht vorstellen, auch wenn sie großes Vertrauen in ihre Beziehung hat und das Paar sich seit Max' Geburt noch verbundener fühlt. »Ich möchte aber auch die Freiheit haben zu gehen, wenn die Beziehung vielleicht nicht mehr gut läuft.«

Es ist paradox, finden Lilli und ich, wie wir hier sitzen, mit

Kaffee und Keksen und einem zwischen uns herumwackelnden Baby. In der klassischen Kernfamilie gab es zwei große Arbeitsbereiche, die die Partner aufgeteilt haben: Den Beruf und die Sorgearbeiten. Einziger Unterschied: Die Sorgearbeiten wurden und werden nicht bezahlt. In der traditionellen Familie wurde es dann eben so aufgeteilt, dass einer (meist der Mann) voll arbeiten ging und eine (meist die Frau) die Kinder großzog, den Haushalt schmiss, einkaufen ging, putzte und Termine regelte. Das sind mindestens zwei Vollzeitjobs, die von zwei Personen gemacht wurden. Heute haben wir drei Vollzeitjobs: den Beruf des einen Partners oder der Partnerin, den Beruf des jeweils anderen – und die Hausarbeit. Wenn die Arbeit mehr wird, die Personenkonstellation aber bei einem Paar bleibt, dann gibt es einfach zu viele Aufgaben für zu wenig Personen. Die Frage lautet also schlicht: Können beide Partner Vollzeit arbeiten und zugleich ein Kind versorgen?

Das geht schon, wird in anderen Ländern auch gelebt – und ist theoretisch auch in Deutschland möglich. Dafür müssen allerdings bestimmte Voraussetzungen erfüllt sein. Zum einen braucht man Geld, wenn man sein Kind Vollzeit betreuen lassen will. Selbst in Großstädten ist es schwierig, einen Betreuungsplatz von 8 bis 18 Uhr zu finden. Das sind jedoch in etwa die Rahmenzeiten, die ein solches Paar benötigen würde. Eltern müssen also entweder auf private Betreuung setzen, die sehr teuer ist, oder sehr zentral in der großen Stadt leben, was ebenfalls teuer ist. Das können sich nur wenige Paare leisten. Zum anderen muss das Paar sich auch der emotionalen Belastung gewachsen fühlen, die es kostet, sein Kind oder seine Kinder jeden Tag für viele Stunden nicht zu sehen. Natürlich ist auch das in anderen Ländern Europas schon vollkommen normal. Das heißt aber nicht, dass es unbedingt erstrebenswert ist, ein Kind zu bekommen, um es dann nur abends und am Wochenende zu sehen.

Gleichzeitig können es sich die meisten Paare heute gar nicht mehr leisten, dass eine Person zu Hause bleibt und kein Geld verdient – erst recht nicht, wenn ein gewisser Lebensstandard gewährleistet sein soll. Wenn nur eine Person arbeitet, lastet auf ihr und ihrem Job außerdem eine große Verantwortung. Was, wenn sie den Job verliert? Was, wenn die Firma pleitegeht? Solche Sorgen haben schon vielen, die eine Familie zu versorgen haben, den Schlaf geraubt. »Ich kenne nicht so viele andere Väter«, meint Lilli. »Aber ich glaube, Alleinverdiener sein, das wollen heute viele nicht. Sam will im Moment nicht mal jeden Tag ins Büro gehen, abends nach Hause kommen und Max nicht mehr sehen. Er würde das emotional gar nicht aushalten.«

Sam ist ein toller Papa, das stimmt. Er war insgesamt drei Monate in Elternzeit und damit länger als der Durchschnitt der Väter. Ich frage mich: Was ist mit den anderen Vätern? Und: Wie kann Vaterschaft heute aussehen?

Sag mir, wo die Väter sind

Wenn über Vereinbarkeit diskutiert wird, über die Frage: Kind oder Karriere, dann sind es häufig Frauen, die sich einbringen, die Vorschläge machen oder auch nur Missstände aufzeigen. Lange Zeit haben sich viele Männer rausgehalten – in Erziehungsfragen, aber auch in den Debatten darüber. Dabei muss es ja ungefähr genauso viele Väter wie Mütter in Deutschland geben. Haben sich viele Männer bedeckt gehalten, weil es für sie besser lief? Sie sich fortpflanzen UND beruflich verwirklichen konnten?

Dabei bleibt auf der anderen Seite oft die persönliche Zufriedenheit auf der Strecke, wenn Mann als Familienernährer und Hauptversorger herhalten muss. Die emotionale Gesundheit, die, wie ich finde, damit einhergeht, dass man genügend Zeit mit seinen Liebsten verbringt, mit seiner Familie und seinen Freunden, erscheint mir für ein zufriedenes und glückliches Leben wichtiger als die finanzielle Absicherung.

Es gibt immer mehr junge Väter, die es anders machen wollen. Die präsenter sein wollen. In einer BMW-Werbung erzählt ein trauriger Junge davon, dass sein Vater nie für ihn da ist, nie das versprochene Baumhaus mit ihm baut. Dann der Zeitsprung: Der Junge ist jetzt selbst erwachsen und Vater – und macht es anders. Baut ein Baumhaus mit seiner Tochter. »Jede Veränderung beginnt mit einer Entscheidung« lautet der Slogan dazu. Der aktive Vater als Vorbild ist also sogar im Mainstream angekommen und lässt sich offenkundig gut vermarkten. Der Kulturwandel, er schlägt sich in Zahlen zu Elternzeit und Betreuungszeiten noch nicht nieder, doch er beginnt im Kopf. Ich habe mich mit zwei Vätern unterhalten, um herauszufinden, was ihnen heute wichtig ist – und um zu zeigen, dass Vaterschaft anders aussehen kann, als am Wochenende vielleicht mal was gemeinsam zu unternehmen.

Väter können fast alles – außer stillen

Die Geschichte, die Rüdiger Dreier gern erzählt, hat gar nicht er selbst erlebt, sondern seine Frau. Sie ist abends etwas trinken, mit Freundinnen. Nach einiger Zeit machen die Freundinnen alle einen Check am Handy: Ist zu Hause alles okay? Wie geht es den Kindern? Und kriegen die Väter das hin? Nur Rüdiger Dreiers Frau macht: nichts. »Willst du nicht auch mal hören, ob alles in Ordnung ist?«, fragen die anderen. »Warum denn?«, entgegnet sie. »Der ist doch den ganzen Tag mit dem Kind zusammen.«

Jetzt sitzt Rüdiger Dreier vor einem weißen Schrank, der über und über mit rosa- und lilafarbenen Blumen und Schmetterlingen beklebt ist, im Kinderzimmer seiner Tochter. Dort ist der WLAN-Empfang besser; wir skypen. Er hat jetzt Zeit, weil seine Frau schon zu Hause ist. Sonst ist er am Nachmittag für die beiden Töchter zuständig. Dafür arbeitet er in Teilzeit – und ist damit in Deutschland noch immer eine Ausnahme.

Rüdiger Dreier ist Sozialpädagoge und macht viel Familienarbeit. Einen Kinderwunsch hatte er schon immer, sagt er, und mit Kindern hat er schon immer viel und gern Zeit verbracht. Nur seine Frau hat er für seinen Geschmack etwas zu spät kennengelernt: »Ich bin ein alter Vater.« Dreier hat jedenfalls als Jugendlicher schon auf ein behindertes Kind in seiner Nachbarschaft aufgepasst, Windeln wechseln, füttern, solche

Dinge waren ihm nicht neu. »Ich kenne viele junge Väter, die haben in ihrem Leben noch keine Pampers gewechselt.« Bei Dreier ist das anders.

Als sie ihr erstes Kind erwarten, ist Dreier und seiner Frau gleich klar, dass sie die Elternzeit irgendwie aufteilen wollen, obwohl sie sich natürlich auch danach richten müssen, wie lange das Baby gestillt wird. Sie entscheiden sich für acht Monate Elternzeit für die Frau, sechs für den Mann – wobei sich ein Monat überlappen soll.

Was nach einem guten Plan klingt, ist im ersten Moment gar nicht so leicht umzusetzen für die Dreiers. Die Schule, an der seine Frau als Lehrerin arbeitet, macht zunächst nicht mit. Man will, dass sie ein ganzes Jahr aussetzt – für diesen Zeitraum ist es leichter, eine Vertretung zu finden, zumal Stundenpläne nach Schulhalbjahren erstellt werden und der Schulbetrieb sowieso nicht auf längere Ausfälle binnen eines Schuljahrs eingestellt ist. Rüdiger Dreier kann das auch verstehen – nur können sie die Geburt ihrer Tochter eben auch nicht nach dem Schulbetrieb ausrichten. Sie setzen sich am Ende durch. »Meine Frau war eine der wenigen Mütter an ihrer Schule, die kein ganzes Jahr ausgefallen ist.« Man kennt diesen Fall einfach nicht. Selbst wenn Lehrerpaare Kinder bekämen, so Dreier, mache immer die Frau die lange Pause.

Sein eigener Arbeitgeber ist sofort einverstanden, obwohl Dreier auch hier der erste Mann ist, der mehr als zwei Monate Elternzeit nimmt. Dreier arbeitet bei der Caritas. »Wenn nicht hier, wo dann?«, sagt sein Chef nur. Stimmt, denkt Dreier. Probleme gibt es dann aber doch, jede Menge Kleinzeug. Er müsste sich noch mal neu krankenversichern, heißt es. Stimmt dann aber gar nicht. »Ich hab nicht in das Mutter-Schema gepasst. Und ich dachte: Spannend, wie weiblich da gedacht wird! Immer die Mama!« Dann wieder merkt er, dass, sobald es um Grundsteuer oder Grunderwerb geht, immer bloß der Mann genannt wird. »Viele organisatorische Dinge werden traditionell gedacht.«

Als Dreier dann in Elternzeit geht, ist er unheimlich froh über den vorangegangenen gemeinsamen Monat, in dem seine Frau ihm vieles gezeigt hat. Und nach diesem Monat? Steht Dreier plötzlich allein da. Allein daheim. Mit einem Säugling. »Dieses Gefühl wünsche ich viel mehr Vätern. Das war sehr eindrücklich.« Nicht das der Überforderung, sondern eben ein Gefühl dafür, was es bedeutet, den ganzen Tag allein mit einem Baby zu sein. Welche Arbeit es ist, 24/7 für einen kleinen Menschen verantwortlich zu sein, ganz allein. »Wäsche aufhängen, Sachen wegräumen, dem Kind was zu essen geben, Windeln wechseln.« Regelmäßig fährt Dreier mit der Tochter in die Schule, damit seine Frau in den Schulpausen das Kind stillen kann.

Nach den sechs Monaten Elternzeit, in denen er Elterngeld bezogen hat, bleibt Dreier in Elternzeit, arbeitet aber wieder auf halber Stelle. Elterngeld Plus gibt es zu dieser Zeit noch nicht. Seine Frau geht Vollzeit arbeiten. Als sie wieder schwanger wird, wird ihnen schnell klar, wie klug diese Entscheidung war. Jetzt können sie wieder auf viel mehr Elterngeld zurückgreifen, Dreiers Frau verdient besser als ihr Mann. Und zugleich lohnt sich eine lange Elternzeit für die Familie gleich doppelt. Auf das höhere Gehalt der Frau können sie mit nun zwei Kleinkindern nicht allzu lange verzichten. Dreier erzählt, im Freundes- und Bekanntenkreis habe er oft Ähnliches erlebt, nur eben mit umgekehrten Rollen: Dass die Frau nach dem ersten Baby nicht direkt wieder voll arbeiten ging. Und dass der Mann beim zweiten Kind dann gar keine Elternzeit mehr nehmen konnte – aus finanziellen Gründen. Wenn vom einzigen Gehalt nur noch 65 Prozent reinkommen, reicht das für Familien oft nicht mehr.

Das Umkehren traditioneller Geschlechterrollen – es ist

auch für seine Frau am Anfang hart. Obwohl sie, wie Dreier erzählt, ihren Job sehr gerne und sehr gut macht. Doch die Trennung von den Kindern fällt ihr schwer. All die ersten Male, bei denen sie nicht dabei ist: die ersten Tage in der Kita, das erste Mal, dass ihre Tochter Brei isst, das erste Mal hüpfen, eine Rolle machen. Wenigstens bei den ersten Schritten ihrer älteren Tochter sind sie beide dabei. »Doch es hat meine Frau schon mitgenommen, dass sie so viel verpasst hat«, meint Dreier. Zumindest hat er alles gefilmt.

Als seine Frau die Tochter in der Eingewöhnungsphase in die Kita bringt, weint die Kleine – aber die Mutter muss los, sie muss zur Arbeit. »Das ist emotional: Kind weint – und du musst gehen.« Gleichzeitig der Druck von außen. Viele geben ihr zu verstehen, dass es nicht richtig sei, was sie macht. »Insbesondere Frauen haben deutlich gemacht, dass sie irritiert sind«, erklärt Dreier. Dass sie es anders machen würden. Dass sie das »so nie« machen würden. »Das ist dann schon heftig.« In der Gesellschaft, glaubt Dreier, wird nach wie vor die Mutter als Hauptbezugsperson der Kinder angenommen. Wenn er und seine Frau auf dem Spielplatz sind und eine Tochter tut sich weh – sie läuft zum Papa. Auch da gibt es immer mal wieder komische Blicke. »Da merke ich dann schon, wie schwer es für meine Frau ist.«

Heute arbeitet Dreier nach wie vor in Teilzeit und daneben ein bisschen freiberuflich, ansonsten verbringt er sehr viel Zeit mit seinen Töchtern, vier und sieben Jahre alt. Inzwischen haben sich alle an die Situation gewöhnt, Schule, Freunde, Bekannte, Erzieher. Es ist klar, dass Dreier derjenige ist, der seine Töchter abholt. In der Brennpunkt-Kita seiner jüngeren Tochter gebe es übrigens viele Väter, die das täten, sagt Dreier. Im bürgerlichen Milieu sei die Aufteilung viel traditioneller. Dreier und seine Frau fahren nach wie vor gut mit dem Modell, das sie gewählt haben. Für ihre Familie ist es genau das richtige. Doch es gibt kleine Dinge, viele kleine Dinge, die sich ihnen ab und zu in den Weg stellen. Und die summieren sich.

Zum Beispiel wird immer Dreiers Frau von der Kita angerufen, wenn etwas mit einem der Kinder ist. »Dabei bin ich doch zu Hause«, sagt Dreier. Wenn er auf der Arbeit ist, hört Dreier gern mal den Spruch: »Ach, bist du auch mal wieder im Büro?« All die WhatsApp-Gruppen, in denen sich engagierte Eltern aus der Kita und der Schule ihrer Kinder austauschen – Dreiers Frau wird hinzugefügt. Engagierte Eltern, das sind eben oft immer noch die Mütter.

Tatsächlich bemerken er und seine Frau mit der Zeit, dass sie in genau dieselben Muster geraten wie all die befreundeten Paare mit klassischen Rollenaufteilungen – nur sind die Rollen bei den Dreiers eben vertauscht. Dreier hört sich Dinge sagen wie: »Schatz, warum kommst du so spät?« Oder: »Wir haben mit dem Abendessen gewartet!« Er freut sich, seine Frau zu sehen – die will nach einem langen Tag aber erst einmal runterkommen. Die Corona-Pandemie war eine weitere Herausforderung für Dreier, der seine Kinder im Homeschooling unterstützte. »Ich bin hier nicht mehr rausgekommen.« Seine Frau wiederum ging weiterhin viel in die Schule, weil sie dort Dinge vor Ort regeln konnte. »Da war ich richtig neidisch.« Für Dreier ist darum klar: Diese Verhaltensweisen sind weder typisch für Mann oder Frau noch typisch für Papa oder Mama. »Sie sind eben mit der Rolle verbunden, die die jeweilige Person in der Familie hat.«

Dreier nennt viele Punkte, die er als Vater wichtig findet. Dass Väter in »richtige« Elternzeit gehen zum Beispiel. Mit »richtig« meint er länger als die zwei Monate, ohne die das Paar sonst keinen Anspruch auf 14 Monate Elterngeld hätte. »Nur zwei Monate, das ist für mich auch in Ordnung, für die Beziehung, für die Kontaktbindung, aber es ist eben nur so halb richtig. Ich finde, man muss auch schon mal ein paar Wochen mit einem Kind alleine gewesen sein, um zu merken, was da alles dahintersteckt.« Dreier merkt außerdem, dass er etwas vermisst: den Austausch mit anderen Vätern, die vielleicht ähnlich fühlen wie er. Irgendwann fängt er an zu bloggen. Sein Leitsatz: »Väter können alles – außer stillen.«

Wenn ein Event in der Schule seiner älteren Tochter ist und Hilfe benötigt wird, meldet Rüdiger Dreier sich immer freiwillig. Beim Elternabend sieht er auch andere Väter. Doch wenn es darum geht, Kaffee auszuschenken und Kuchen zu verkaufen, ist er der einzige Mann, allein unter lauter Müttern. Dreier lässt sich nicht entmutigen. Einmal kontaktiert er die anderen Väter, fragt herum. »Und alle Papas haben mir geschrieben, sie könnten nicht. Sie müssten arbeiten.« Dreier ärgert sich über den Automatismus: Die Arbeit der Väter ist immer wichtiger. Er selbst hingegen hat sich freigenommen. Zwei Mütter ebenfalls. »Es ist ja nicht so, als würden die meisten Mamas nicht auch arbeiten. In Münster muss man schon sehr gut verdienen, damit ein Elternteil ganz zu Hause bleiben kann.«

Es gibt in ganz Nordrhein-Westfalen inzwischen genau drei bekannte Vätertreffs. Einen davon hat Rüdiger Dreier organisiert. Sein Ziel ist eigentlich eine gemischte Väter-Mütter-Gruppe, irgendwann. Doch im Moment sind die Unterschiede noch zu groß. Es ist für Dreier mühsam, überhaupt Väter zu finden, die kommen und sich austauschen wollen. Haben die alle kein Bedürfnis zu reden?, fragt er sich. Gerade mal sechs Väter hat er zusammenbekommen. »Da können die Mütter nur müde lächeln. Die müssen nur einmal rufen, und schon kommen zwanzig Mütter.« Auch hier sieht Dreier Nachholbedarf bei den Vätern: Sie müssten lernen zu kommunizieren. Lernen, die eigenen Bedürfnisse zu erkennen. Und interessanterweise »lernen, sich zu vernetzen. Die Mütter lernen sich schon im Geburtsvorbereitungskurs kennen, tauschen Nummern aus.« Die Väter stünden daneben, seien kumpelig, machten Späße. Dabei heißt es doch immer, Männer könnten sich so besonders gut vernetzen! »Bei Männern geht das so: Hier ist meine Visitenkarte, wenn ich dich brauch, ruf ich dich an. Frauen fragen einander: Wie geht es dir?« Dreier erlebt das auch privat. Austausch mit Männern auf einem emotionalen Level – schwierig, meint er. »Wie viele Männer fragen mal nach, wie es einem geht? Das müssen wir alles üben. Da haben uns Frauen ganz viel voraus.«

Manchmal spielt Dreier absichtlich mit den Erwartungen der Menschen. Er erwähnt in Gesprächen betont häufig, dass er nicht könne, weil er sich um seine Kinder kümmern müsse. »Etwas, das Mütter gar nicht mehr sagen.« Wenn es aber niemand betont, bleibt die Arbeit unsichtbar, glaubt Dreier. Trotzdem: »Es ist schon auch anstrengend.« Immer gegen den Strom schwimmen, immer anders sein. Immer etwas mehr Aufwand betreiben, nur weil man sich um seine Kinder kümmern will. Dreier erzählt von seinem allerersten Job: Er hatte gerade die Schule beendet, ging in die Lehre zum Schlosser – langhaarig, »und das in dieser Männerwelt«. Damit seine Haare nicht in die Bohrmaschine gerieten, musste Dreier ein merkwürdig ausschauendes Haarnetz tragen. Alle lachten ihn in der ersten Woche aus. Aber bald schon fiel es keinem mehr auf. »Es ist jetzt ganz ähnlich. Niemand lacht mich direkt aus, aber ich bin ein Sonderling.«

Selbst in seinem Arbeitsumfeld, das sozial geprägt ist, in dem viel Familienarbeit, explizit Väterarbeit gemacht wird, fällt er auf. Dreier erzählt gern die Geschichte einer Arbeitsgruppe: fünfzehn Männer, alle in der Väterarbeit. Und weil in der Sozialpädagogik die meisten Mitarbeiter nur Teilzeitstellen haben, erzählte jeder, wo er sonst noch arbeitete, wo er noch Geld verdiente. Als Dreier dran war, sagte er, er kümmere sich sonst um seine Kinder. »Da war Totenstille.« Dabei verstehen viele die Situation der Dreiers sogar noch halbwegs, weil die Frau einfach besser verdient. »Da heißt es dann oft ›Ach so‹.«

Für Dreier wiederum ist klar: Wäre er ebenfalls Lehrer und würde ähnlich viel verdienen wie seine Frau – er würde es trotzdem nicht anders handhaben wollen als jetzt.

Wenn es um Mütter und Väter geht, um althergebrachte Rollenbilder und um modern interpretierte Elternrollen, dann geht es oft auch um Vorbilder. Für Dreier selbst war das der eigene Vater. Zwar ist der nicht als Hausmann zu Hause geblieben, aber er hat viel Zeit mit seiner Familie verbracht. Er arbeitete im Schichtdienst, war also entweder am Vormittag oder am Nachmittag zu Hause. Gerade am Wochenende unternahm die Familie viel gemeinsam. »Mein Vater war immer präsent. Auch wenn er kein besonders emotionaler Typ war, mit dem ich lange Gespräche geführt hätte.« Stattdessen bastelten und werkelten sie zusammen. Als Dreier und seine Frau vor neun Jahren in ihr Haus einzogen, bauten Dreier und sein Vater gemeinsam den Dachboden aus. Nun verbindet er mit der Schräge immer seinen Vater. »Er war ein tolles Vorbild. Ein bisschen anders möcht ich's trotzdem machen.« Stichwort: Kommunikation. Offene Ansprachen. Sich verletzlich zeigen. »Ich möchte nicht, dass meine Kinder mit bestimmten Themen nur zu meiner Frau oder nur zu mir gehen. Sie sollen mit uns beiden über alles sprechen wollen.«

Dreier beobachtet fehlende Vatervorbilder nicht nur in seinem Umfeld, sondern auch in den Büchern und Filmen seiner Töchter. »Ich finde, *Conni* ist eine clevere Geschichte, weil sie ganz harmlos zeigt, dass Mädchen einfach alles ausprobieren können.« Aber Connis Vater? »Ist immer der Depp.« Einmal schaut Dreier mit seinen beiden Töchtern eine Serie, in der ein Kind traurig zum anderen sagt: Unsere Papas haben ja sowieso keine Zeit für uns. Dreiers ältere Tochter meint daraufhin: »Das stimmt nicht.« Er freut sich. Fragt sich aber auch, warum in Büchern und Serien nach wie vor so ein Bild von Vaterschaft gezeichnet wird. Für seine Töchter ist die Aufteilung zu Hause sonst sowieso kein Thema. Wenn jemand ohne Vorurteile eine Situation annehmen kann, dann sind es wohl Kinder. Auch für die Freundinnen und Freunde seiner Töchter ist der Papa, der bei den Dreiers zu Hause bleibt, längst normal.

Ansonsten berührt die meiste Kritik Rüdiger Dreier nicht mehr. Immerhin, er lebt mit seiner kleinen Familie in einem schönen Haus in Münster, ihnen geht es gut, gemeinsam haben sie genug Geld, die Aufteilung klappt ebenfalls gut, »weil wir so viel kommunizieren«. Dreier ärgert sich nur, dass Familien so wenig Unterstützung von der Politik bekommen. Ein Leben zu viert ist ganz schön teuer – wie ist das erst für Familien, die kein Lehrergehalt beziehen?, fragt er sich. Einmal nimmt er am ZDF-Talk *Wie geht's, Deutschland?* im Vorfeld der Bundestagswahl 2017 teil. Hier dürfen Bürgerinnen und Bürger in Beiträgen und anschließenden Diskussionen an Politikerinnen und Politiker herantreten und mit ihnen ihre Sorgen und Anliegen besprechen. In einem kurzen Einspieler über Rüdiger Dreier geht es gar nicht darum, dass er mehr Kinderbetreuung übernimmt als seine Frau, sondern um die Situation der Familien allgemein. Dreier beschwert sich etwa über die 19 Prozent Luxussteuer auf Windeln.

In der Sendung ist auch die AfD-Politikerin Alice Weidel zu Gast. Als Dreier dran ist, ist Weidel allerdings schon weg – es ist die berühmte Sendung, in der sie nach scharfer Kritik an ihren menschenfeindlichen Positionen aus dem Studio gestürmt war, mit der offenkundigen Absicht, alle Aufmerksamkeit auf sich und ihre vorgeblich unverstandene Partei zu lenken.

Nach Ausstrahlung der Sendung bekommt Rüdiger Dreier unzählige Nachrichten – von AfD-Anhängern. Obwohl die Rollenverteilung zwischen ihm und seiner Frau im Beitrag gar nicht im Vordergrund gestanden hat, stören sie sich an dem progressiven Modell der Dreiers. »Da habe ich das erste Mal gemerkt, dass ich in eine größere Sache reingerutscht bin«, sagt Dreier heute. Er hat auf keine der Nachrichten reagiert. »Es hat mich aber ziemlich gestresst.« Was in ihrer Familie in Münster normal, für Dreier und seine Kinder schön und für die Finanzen der Dreiers sowieso das Beste ist, ist zugleich ein Modell, das manche Menschen abstößt. Mit dem Gedanken musste Dreier erst einmal fertigwerden.

Dass in vielen Familien nach wie vor Mütter die Sorgearbeit und Väter die Lohnarbeit übernehmen, liegt Dreiers Ansicht nach nicht allein an ungerechten Strukturen und bürokratischen Hürden und auch nicht nur an mangelndem Engagement oder Willen seitens der Väter. Auch die Mütter müssten lernen, loszulassen, Aufgaben abzugeben. Das fällt ihm und seiner Frau nur noch in einem Bereich auf: beim berühmten Mental Load. Also Dinge wie Arzttermine im Blick haben, Geschenke besorgen, an Geburtstage denken. »Das ist bei uns noch sechzig zu vierzig aufgeteilt«, erklärt Dreier. »Meine Frau ist in diesen Dingen einfach viel schneller als ich.« Und macht es dann einfach selbst, anstatt zu sagen: Das ist dein Job. Das ist für beide nervig. »Aber im Umgang mit den Kindern dürfen Frauen den Vätern auch durchaus mehr zutrauen«, meint Dreier.

Trotzdem: Viele Väter haben gar keine Lust, ihr Leben so zu leben, wie Dreier es tut. Warum auch? Wenn sie jeden Tag arbeiten gehen, sich mit Erwachsenen umgeben, Erfolgserlebnisse sammeln und abends oder am Wochenende noch Zeit mit ihren Kindern verbringen können, haben sie doch das Beste aus zwei Welten. Über diese Väter ärgert sich Dreier. »Da ist einfach zu wenig Interesse da. Die müssen auch mal von sich aus mehr machen.« So wie sie es beim Marathonlaufen oder Rennradfahren schließlich auch machen. »Dafür ist doch auch immer Zeit. Wenn ich das sehe, diese Läufer, die auf den letzten 50 Metern noch schnell ihr kleines Kind auf den Arm nehmen. Dabei gehört so viel mehr dazu als das Vorzeigen. Da krieg ich so 'ne Krawatte«, schimpft Dreier. Dann lacht er. Er weiß natürlich auch, dass das etwas pauschal ist. Er hört oft, dass Väter sich in der Nacht Ohropax in die Ohren stopfen, damit die Kinder sie nicht wecken. Auch diese Erzählungen ärgern ihn. »Ich denke: Die Väter verpassen eine echte Chance.« Die Chance, ihre Kinder richtig kennenzulernen.

Rüdiger Dreier ist ein absoluter Vorzeigepapa. Und auch ein Vorzeigemann, der das macht, was Frauen jahrhundertelang für ihre Männer gemacht haben: Er hält ihr den Rücken frei. Ich habe ihn danach gefragt, ob er sich Sorgen um seine finanzielle Absicherung macht, was er sofort bejaht hat. Wer ewig in Teilzeit arbeitet, macht sich Gedanken. Rüdiger Dreier und seine Frau sind aber der lebende Beweis dafür, dass es nicht damit getan wäre, wenn von nun an allein Frauen Karriere machten und Männern die Sorgearbeit überließen. Es sind die Voraussetzungen und Rahmenbedingungen von Familienpolitik und Arbeitsmarkt, die dafür sorgen, dass einer der beiden Partner in Vollzeit, der andere in Teilzeit arbeitet. Weil sie so am besten davon leben können. Die strukturelle Benachteiligung von denjenigen, die hauptsächlich die unbezahlte Sorgearbeit daheim übernehmen, sie manifestiert sich in diesem Beispiel.

Ein Wandel hin zu einer echten Gleichstellung bedarf zwar mehr positiver Väter-Vorbilder, wie Rüdiger Dreier eines ist. Er bedarf aber auch einer grundsätzlichen Überlegung darüber, wie viel wir arbeiten wollen – ob nun bezahlt oder unbezahlt. Wie viel Zeit wollen wir mit unserer Familie verbringen? Mit unseren Kindern? Das sind Fragen nach einem einfachen menschlichen Bedürfnis, dem Bedürfnis nach Familie und Nähe. Doch sie kommen im politischen Diskurs um Vereinbarkeit oft zu kurz. Weder den Kindern noch den Eltern wäre damit geholfen, wenn Mama und Papa in Vollzeit arbeiteten. Es muss erlaubt sein, dass wir uns die Frage stellen: Wofür arbeiten wir überhaupt so viel? Und: Was macht uns wirklich glücklich?

Wenn Papa müde ist

Aus der Ferne ist Heiko nur ein gelber Fleck, der sich langsam auf mich zubewegt. Im nächsten Moment sehe ich, wieso der Fleck so langsam ist: An Heikos Rad, das er eine Anhöhe hochfährt, ist ein Anhänger befestigt, darin sitzen zwei Mäuse und gucken mit großen dunklen Augen heraus. Heikos Tochter und Sohn. Er hat sie gerade aus dem Kindergarten abgeholt, das macht er montags immer, weil Neval, seine Frau, an diesem Tag länger arbeitet. Heiko fängt morgens sehr früh an, da kann er die Kinder um 16.15 Uhr abholen. Er ist der ITler in einem kleinen Unternehmen. Zum Radfahren trägt er eine neongelbe Weste, deshalb leuchtet er schon von Weitem, sicher ist sicher. Mit den Kindern im Anhänger erst recht.

Wir radeln durch Ossendorf, zu einer Neubausiedlung, in der Reihenhausanlagen mit großen Wohnungen familiengerecht gestaltet sind: Überall Fahrradständer draußen, der Spielplatz in der Nähe. Eine Mutter mit Kinderwagen läuft vorbei und schaut Heiko und mich misstrauisch an – mich kennt sie ja nicht. Heiko grüßt. Seine Tochter steht derweil schon oben an der Haustür und kreischt. Sie muss mal. Ich passe auf Heikos noch nicht verschlossenes Rad und seinen Sohn auf, der auf einem kleinen Rasenstück neben den Fahrradständern herumhüpft und Erde aufhebt und quietschend wieder fallen lässt, während Heiko die Treppe hochsprintet und aufschließt. Alltag mit Kindern.

In der Wohnung von Heiko und Neval ist alles sehr *smart*, Heiko spricht viel mit Alexa. Als Allerserstes kriegen die Kinder ein Eis, »damit wir mal fünf Minuten Ruhe haben«, meint Heiko. Er macht uns Kaffee. Das Eis in Form einer Wassermelone rutscht nach ein paar Sekunden zur Hälfte vom Stiel in der patschigen und inzwischen recht klebrigen Hand seines Sohns – und platscht auf den Fußboden. Heiko packt gerade ein Paket aus. Er hilft Freunden und Bekannten bei ihren Computerproblemen, setzt Content-Management-Systeme und Websites auf. Geld nimmt er nicht dafür, er hat aber eine Amazon-Wunschliste, eine für sich, eine für die Kinder. Heute hat er wieder ein Paket bekommen, ein Dankeschön für seine Hilfe. Ich hole die Küchentuchrolle, auch wenn Heiko ruft, ich solle bloß sitzen bleiben. Wir trinken Kaffee, und die Kinder rennen herum. Eigentlich sollten sie noch Kakao bekommen, aber die Milch ist alle. Heiko sagt es Neval schnell am Telefon. »Lieb dich!«

»Papa, kommt nach Winter Sommer?«

»Fast. Eins noch dazwischen, Mäuschen.«

»Kommt nach dem Winter Sommer?«

Wir gehen noch mal alle Jahreszeiten durch. Der kleine Bruder kann zwar noch nicht so richtig sprechen, aber trotzdem sehr viele Töne, Geräusche und unzusammenhängende Silben aneinanderreihen, was er in regelmäßiger Frequenz und gehobener Lautstärke tut. Heiko und ich heben die Stimmen über den Lärmpegel. »Ich parke sie mal 'ne Runde«, meint Heiko. »Wollt ihr was gucken?« Logisch! Das dürfen sie sonst nicht so oft, Neval ist Erzieherin, sie will nicht, dass ihre Kinder ständig vor Bildschirmen kleben. Heiko hätte es anders gemacht, »aber ich bin meiner Frau sehr dankbar. Die Kinder können sich jetzt stundenlang allein beschäftigen.« Er bringt die beiden nach nebenan. Eine Folge von je einer Serie, sagt er. Damit sind alle zufrieden. Zurück in der Küche stellt Heiko den Wecker, damit sie ja nicht länger glotzen. »Alexa, stell den Timer auf achtzehn Minuten.«

Heiko selbst hatte keinen Vater. Hat ihn nie gekannt. Mit seiner Mutter und einer zehn Jahre älteren Schwester ist er in Köln-Chorweiler aufgewachsen, das ist eine der unschöneren Gegenden der Stadt, mit der man vor allem Dinge wie Brennpunktschulen und Plattenbau assoziiert. Der Bezirk ist zehn Kilometer von der Innenstadt entfernt. Für Heiko war es trotzdem schön, dort aufzuwachsen, »es hat mir nicht geschadet«. Auch nicht die Gesamtschule. Seine Schwester zog aus, da war er zehn. »Ich bin nie mit kleineren Kindern in Berührung gekommen.« In seinen Zwanzigern war er sieben Jahre lang mit einer Frau zusammen, die sich Kinder mit ihm wünschte. Doch Heiko merkte: Er war nicht bereit dafür. »Und dann habe ich meine Frau kennengelernt.« Neval.

Bei Neval war es ganz anders: Großfamilie, sieben Geschwister. Sie klärten es schnell: Wenn Heiko mit Neval zusammenbleiben wollte, dann würden sie irgendwann Kinder haben. Ein Leben ohne Nachwuchs kam für sie nicht infrage. »Ich hab mir da aber auch nicht so viele Gedanken zu gemacht«, gibt Heiko zu. Bei ihm sei da vorher einfach kein dringender Wunsch nach Kindern gewesen. »Ich hatte keine Lücke in meinem Leben. Ich hätte nie gesagt: Mir fehlt da was.«

Heute sagt Heiko, sagt auch Neval: Eigene Kinder sind eine Herausforderung. Sie finden es jedenfalls beide sehr anstrengend. Heiko arbeitet vierzig, Neval dreißig Stunden die Woche, daneben zwei kleine Kinder. »Uns wurde immer gesagt, wir sollen die Kinder möglichst nah nacheinander bekommen. Dann können sie zusammen spielen.« Die erste Zeit sei dann eben hart, hieß es. »Wir warten aber immer noch darauf, dass es leicht wird«, meint Heiko. Seine Tochter ist jetzt viereinhalb, sein Sohn zweieinhalb. Die Lautstärke stört ihn gar nicht, sagt er. Aber die Zankereien. Die ununterbrochene Verantwortung. Heiko findet seinen Sohn besonders anstrengend. »Ich habe auf der Arbeit immer viel Stress gehabt. Aber seit ich Kinder habe, habe ich erst Bluthochdruck.« Heiko findet, man muss offen darüber sprechen, offen mit diesen Gefühlen umgehen. Man könne vorher gar nicht beschreiben, wie sich das Leben verändert, sobald Kinder da sind. Wie sehr man aus den gewohnten Bahnen geworfen wird. »Es fängt mit dem Schlafentzug an. Wochenlang schreit das Kind jede Nacht. Das geht einem so an die Substanz.«

Für seine Gefühle, über die er auch auf seinem Blog schreibt, bekommt Heiko hauptsächlich negatives Feedback. »Die Leute fassen es als Gejammer auf«, meint er. Unter einen Blogartikel schreibt jemand: »Wenn es Dich so stört, benutz' halt ein Kondom.« Von genervten und gestressten Eltern wollen die Leute nichts lesen, glaubt Heiko. Ihm ist es hingegen wichtig, ein Bewusstsein dafür zu schaffen, dass nicht immer alles harmonisch zugeht.

Ansonsten schreibt Heiko in seinem Blog aber auch über viele andere Dinge: Da finden sich unzählige Bilder von Gerichten, wenn er zum Beispiel Steak gemacht hat oder Nudeln aus Zucchini. Screenshots von seinem Fortschritt beim Abnehmen, von seinem verbesserten Blutdruck. Bilder von Familienausflügen in den Wald, in den Park, die Kinder macht er mit großen Emojis unkenntlich. Ein recht normales, eigentlich sehr glückliches Familienleben, so sieht es aus.

Und so ist es auch, sagt Heiko. Aber: »Es ist eben nicht alles Friede, Freude, Eierkuchen.« Heiko und Neval haben niemanden, der ihnen mit den Kindern hilft. Heikos Mutter lebt nicht mehr, Nevals Eltern sind zu alt, um bei der Betreuung auszuhelfen. Im äußersten Notfall passen Heikos Schwester oder Nevals Schwägerin auf. Es gibt also niemanden außer ihnen mit einer engen Bindung zu den Kindern. Sie sind immer zu viert – und stemmen viel zu zweit. Nicht anwesend sein, als Vater nicht voll involviert sein, Heiko könnte es sich gar nicht vorstellen. Seine Arbeitszeiten sind familienfreundlich, er sieht seine Kinder jeden Nachmittag. Ihm ist aber vor allem wichtig, Neval nicht mit allem allein zu lassen. »Das macht man einfach nicht«, sagt er. »Als ich in Elternzeit war, ist mir auch noch einmal klar geworden, dass die Arbeit zu Hause noch anstrengender ist als meine sonstige Arbeit.« Heiko war nach den zwei Monaten daheim froh, wieder ins Büro gehen zu können. Länger hätte er bei dem kleinen Unternehmen auch nicht fehlen können. »Dafür kann ich meine Kinder spontan abholen, wenn etwas ist.« So wie neulich, als es in der Kita einen Corona-Fall gab.

Kommt Heiko von der Arbeit nach Hause, kann er nicht die Füße hochlegen. Es herrscht sofort Trubel, er ist sofort eingebunden. Er fragt sich, ob er etwas falsch macht – oder ob die anderen lügen. »Viele Mütter erzählen nur, wie schön doch alles sei.« Irgendwann wird ihm klar: Auch für andere ist es stressig. Gerade für die Mütter. Andere Väter, die nachmittags mit dem Motorrad wegfahren, sich zu Hause rausziehen: Heiko kennt solche Papas, versteht sie aber nicht. »Das könnte ich nicht, schon aus Respekt vor meiner Frau.«

Heiko hat die Elternzeit jeweils am Ende genommen, als seine Kinder schon ein bisschen älter waren. Stillen kann er schließlich nicht. Die Zeit mit seinen Kindern findet er schon schön, aber ihm fehlt die Zeit für sich. In einer Dokumentation übers Stillen hat er einen Vater gesehen, der weinte, weil er sein Kind nicht stillen konnte. Dafür hat Heiko kein Verständnis. »Bei aller Liebe, das ist mir zu viel.«

»Papa!« Die erste Folge ist um. Nebenan krähen die Kinder. Heiko stellt die andere Serie an, jetzt darf sein Sohn aussuchen. Alexa wird wieder getimed, dieses Mal auf zweiundzwanzig Minuten.

»Die Erkenntnis, dass es mit Kindern anstrengender ist, als man vorher dachte, kommt nach und nach«, sagt Heiko, als er zurückkommt. Seine und Nevals aktuelle Herausforderung: etwas zusammen als Paar unternehmen. »Mit zwei Kindern überlegst du es dir zweimal, wo du hingehst.« Inzwischen haben sie über die Kirche einen guten Babysitterservice gefunden. In der Corona-Pandemie können sie aktuell aber ohnehin nichts unternehmen. Samstagabend würden Heiko und Neval ansonsten gern zusammen Netflix schauen, sie seien Serienjunkies, so Heiko. »Aber wir schaffen nicht mal einen Film. Entweder schläft jemand ein, oder die Kinder kommen zu spät ins Bett.« Um 21 Uhr muss man auch keinen Film mehr anfangen, wenn man am nächsten Tag um fünf aufsteht.

Früher hat Heiko viel gezockt, er kennt viele andere Gamer. »Alle meine Computerfreunde haben deswegen auch keine Kinder – und auch keinen Bock auf Kinder.« Wenn man seine Aufgaben als Vater ernst nimmt, meint Heiko, kann man nicht mehr spielen. »Es gibt natürlich auch Väter, die zocken trotzdem den ganzen Tag.« Da hört man dann im Hintergrund mal die Kinder, mal die Frau meckern.

Geht gar nicht, findet er. Dafür werden die Dinge, die er mit seinen Kindern unternehmen kann, immer mehr. Als seine Tochter dreieinhalb war, fuhr er mit ihr zum Drachenfelsen – und war enttäuscht, als sie sich noch nicht dafür interessierte. Dafür besucht sie mittlerweile dieselbe Kung-Fu-Schule wie er. Heiko hat dort Selbstverteidigung gelernt, inzwischen arbeitet er an Karneval immer als Türsteher.

Heiko glaubt, dass viele andere Männer, die wie er empfinden, die ihre Kinder als Belastung und Stressfaktor wahrnehmen, die Familie verlassen. Das würde er nie tun. Er ist ja selbst ohne Vater aufgewachsen. »Ich akzeptiere es einfach und hoffe, dass es besser wird«, sagt er. In seinem Büro hängt eine Karte, auf der steht: Woanders ist es auch scheiße! »Ist einfach so«, sagt Heiko.

Ein anderes Thema ist Geld. Heiko und Neval hatten Glück: 9,50 Euro Miete pro Quadratmeter ist für Köln sehr günstig. Kaufen hätten sie sich in der Stadt nie leisten können. Klamotten, Essen, Hobbys, das kostet alles. Das hatten Heiko und Neval durchgerechnet, bevor sie Kinder bekamen, und sie kommen auch ganz gut klar. Trotzdem: »Die Geldfrage haben wir uns auch gestellt.«

Im Moment fühlt Heiko sich oft überfordert. Es ist gerade keine gute Zeit. Liegt natürlich auch an Corona. »Ich weiß, dass

Computerspiele oder Netflix nicht so wichtig sind.« Er hat aber das Bedürfnis, dem Trott zu entkommen. Am vergangenen Wochenende hat er die Beete im Garten winterfest gemacht. Irgendwann, sagt Heiko, möchte man einfach etwas ganz anderes tun.

Über seine Gefühle des Frusts und der Überforderung kann Heiko mit Neval sprechen – und mit anderen Eltern. Aber meist mit Müttern. Mit den »Übervätern«, so nennt er Väter wie den, der darüber weinte, dass er nicht stillen kann, kann er sich nicht richtig identifizieren, weil er nicht so sehr im Vatersein aufgeht wie sie. Die Reaktionen auf Heikos eher zurückhaltende Vatergefühle lauten dann öfter: »Wie kannst du nur?« Mit den Vätern, die sich komplett aus allem rausziehen, hat Heiko aber auch nicht viel am Hut. »Ich gehöre nicht zur typischen Kategorie Mann. Ich habe dem Alkohol abgeschworen. Und ich gucke kein Fußball«, sagt er. Als ein Kollege, den er immer für einen Vorzeigevater hielt, ihm neulich sagte, dass ihm alles zum Halse raushänge, war Heiko richtig froh. Einmal war er nicht allein mit dem Gefühl, dass alles zu viel ist. Von Müttern kriegt er den Zuspruch häufiger, mit ihnen versteht er sich oft besser.

Im Sommer ist Heiko mit den beiden Kindern allein weggefahren. Centerparks, in Holland. Montag bis Freitag war geplant. »Ich hab's bis Donnerstag ausgehalten.« Das Wetter ist allerdings auch mies. Heiko geht abends mit seinen Kindern schlafen, so erschöpft ist er. Irgendwann hocken sie im Bungalow, draußen nur Regen. Heiko ist nervlich am Ende. »Mit den Kindern komplett allein sein ist noch mal was anderes.« Dabei musste er nicht mal Wäsche waschen.

Neval kommt nach Hause, sie hat noch schnell die Milch geholt. »Hallo, Schatz.« Sie lacht viel, sagt, dass sie es mit den Kindern auch anstrengender findet als vorher gedacht. Sie packt ihre Einkäufe aus, Neval sagt, sie kochen heute Abend die Zucchini. Heiko sagt, er sei kommunikativer als andere Männer.

Neval grinst mich im Hintergrund an und nickt. Ihr Mann redet gern. »Ich bin mit zwei Frauen aufgewachsen«, sagt Heiko. »Ich bin ein redseliger Typ.« An ihrer Partnerschaft, erzählen sie, arbeiten sie gerade. »Es gibt im Moment keine Partnerschaft«, erklärt Heiko, und Neval nickt. Die Zweisamkeit leidet, wenn man immer zu viert ist. Ihnen fehlt die Zeit, etwas zu zweit zu machen. »Oder wir sind zu platt«, sagt Neval. Allein, was sollen sie zurzeit groß unternehmen? Als der Babysitterservice zum ersten Mal da war, sind sie Kaffee trinken gegangen. Das fand Heiko richtig gut, einfach mal wieder zu zweit. Und sei es nur Kaffee. »Alexa, Timer aus«, sagt Neval. Nebenan geht das Krähen wieder los. Sie wollen noch eine Folge gucken. Aber Neval ist konsequent. Ihre Tochter kommt zu mir und zeigt mir ein sehr pinkfarbenes Bildchen, selbst gemalt. Ich lobe die Farbwahl. Sie strahlt. Ich finde Heikos und Nevals Kinder sehr charmant und sehr lebhaft.

Vielleicht, weil er als Kind und junger Erwachsener viel allein war, liebt Heiko die Einsamkeit. »Ich kann mich ja über den Computer vernetzen.« Die menschliche Nähe fehlt ihm dann nicht so sehr. Er könnte sich tagelang eingraben und nur am PC sitzen. Darum hätte er auch keine Angst davor, ohne Kinder alt zu werden. »Ich kenne auch die ganze Nachbarschaft.« Für die Gemeinschaft, das Zusammensein braucht er keine Kinder, sagt Heiko. Bei Neval ist es anders, ihr ist der Familienzusammenhalt wichtig. Und Heiko sagt: Mit Neval will er immer zusammenbleiben. »Neben ihr werde ich wahrscheinlich begraben werden.«

Am nächsten Tag schreibt Heiko in seinen Blog, dass ich ihn besucht habe, dazu ein Bild von einer vollen Kaffeetasse. »Sie schreibt wohl ein Buch darüber«, berichtet Heiko. »Ich fand es wichtig, ihr auch mal die Mitte zu zeigen. Zwischen Übervater und Überforderung. Warum ich meine Kinder liebe, aber nie wieder welche bekommen würde.«

Nach dem Gespräch mit Heiko und Neval denke ich wieder: Zwei Personen sind eine zu wenig, wenn es doch drei Jobs gibt: Nevals Job als Erzieherin, Heikos Job als ITler – und der Riesenjob zu Hause, Kinderbetreuung und Haushalt. Es sind, wie Jutta Allmendinger schon anmerkte, einfach zu viele Aufgaben für zwei Personen. Man kann nicht auf Dauer anderthalb Vollzeitjobs machen. Eine Reduktion der Arbeitszeit erscheint sinnvoll, trotz Betreuungsmöglichkeiten in der Kita. Man will schließlich auch Zeit mit der Familie verbringen.

Es gibt aber auch andere Möglichkeiten, die Aufgaben zu verteilen, als dass einfach beide Elternteile in Teilzeit arbeiten. Was, wenn mehr als zwei Personen für das Kind zuständig sind? Ich fahre also zu einer Familie, bei der es drei Eltern und ein Kind gibt.

Mama, Papa, Papi, Kind

Jan ist Papa. Sofia ist Mama. Carsten ist Papi. Und Klara ist Kind. Ein sehr fröhliches Kind. Vierzehn Monate alt ist sie, sie kann sich an Möbeln und Spielzeug hochziehen, was sie viel und gerne tut, sie klettert über Hindernisse wie Kissen und Füße und schaut in Abgründe, etwa den hinterm Sofa; sie ist so neugierig, dass sie immer mal wieder ihren Sinn für Balance überschätzt und hinfällt, beim Erkunden, beim Spielen, beim Turnen. Dass sie drei Eltern hat, macht für Klara keinen Unterschied – woher soll sie auch wissen, dass andere Kinder nur zwei haben?

Jan hatte schon früh einen Kinderwunsch, er kommt aus einer großen Familie, die für ihn stets das Wichtigste überhaupt war. Als Teenager merkt er, dass er auf Männer steht. Er ist zwanzig, als er Carsten kennenlernt. Sie verlieben sich. »Die erste große Liebe – und die hat dann gleich gehalten.« Zehn Jahre später heiraten sie. Erst will Carsten nicht, aber Jan ist es wichtig. Heute ist Carsten froh über den Schritt.

Babys sind erst mal kein Thema zwischen ihnen. Carsten weiß zwar, dass Jan sich Kinder wünscht, teilt diesen Wunsch aber nicht. Jan ist dennoch optimistisch. »Carsten wollte erst auch nicht heiraten«, sagt er. Das mit den Kindern – auch das wird sich irgendwie lösen.

Einige Jahre nach ihrer Heirat kontaktiert eine alte Freundin aus der Heimat Jan. Sie waren mal ein Paar, lange vor seinem Coming-out. Cornelia ist heute selbst in einer lesbischen

Beziehung. Sie und ihre Partnerin wünschen sich ein Kind. Ob Jan nicht der Vater sein wolle, fragt sie. Nach fünfzehn Jahren Funkstille, aus heiterem Himmel. Carsten ist alles andere als begeistert. Warum kontaktiert diese Ex seinen Mann nach all den Jahren? Er ist eifersüchtig, findet die Anfrage komisch. Jans Neugier hingegen ist geweckt. Jan und Carsten treffen sich mit Cornelia.

Carsten mag Cornelia nicht. Wegen der Eifersucht, meint Jan. Carsten sagt, er könne sie einfach nicht leiden. Er findet diese Eindringlinge von außen, die ihre Zweierdynamik aus dem Gleichgewicht bringen, äußerst störend.

Das Konzept Familie ist für homosexuelle Paare nach wie vor ein schwieriges Thema. Regenbogenfamilien gibt es zwar, doch viele Konstellationen sind recht neu, es gibt kaum Vorbilder, kaum Literatur. Für viele Menschen ist noch immer klar: Wer schwul oder lesbisch zusammenlebt, bekommt eben keine Kinder. Als Jan seinen Eltern von der Möglichkeit erzählt, fallen sie aus allen Wolken. »Das ist dann nicht mein Enkelkind«, sagt Jans Vater. Mit seiner Homosexualität hatten seine Eltern eigentlich nie ein Problem, auch weil sie Carsten so mögen. Aber ein Kind mit einem anderen Paar? Das geht dann doch zu weit.

Auch Carsten fühlt sich immer unwohler mit der Idee, je konkreter Jans Pläne mit Cornelia und ihrer Freundin werden. Sie streiten die Nächte durch, heulen und schreien. Eine Trennung steht nie im Raum, doch Carsten fühlt sich bedroht, will diese Erweiterung ihrer Familie nicht akzeptieren. Es wird immer schlimmer, sie streiten immer mehr. Doch Jan versteht Carsten auch, sagt selbst, Cornelia sei speziell. Irgendwann treffen sie die Entscheidung: Mit Cornelia wird das nichts. Carsten ist beruhigt.

Vierzig ist die Grenze, hat Jan immer gesagt. Danach findet er sich irgendwie zu alt, um noch Vater zu sein. Er ist Mitte dreißig, als sein Bruder das erste Kind kriegt. »Du willst doch nur deswegen auch Kinder«, sagt Jans Vater erst. Aber das stimmt nicht. Auch ohne Cornelia und ihre Freundin hat Jan sich noch nicht von dem Gedanken verabschiedet, dass er gern Vater wäre. Carsten hofft derweil, dass sich Jans Pläne zerstreuen, er sich anderen Dingen widmet, bis er vierzig ist – und es zu spät ist.

Jan erfährt zufällig von Familyship, einer Plattform, über die man andere Menschen mit Kinderwunsch kennenlernen kann. Er meldet sich an. Schreibt kurzerhand einen Text. Jan, 38, selbstständig, sucht – ja, wen denn eigentlich? Eine Frau, die auch involviert ist. Die es sich mit ihm vorstellen kann, mit ihm und irgendwie ja auch mit Carsten. Jan glaubt erst gar nicht, dass da was zurückkommt. Doch ihm schreiben viele, viele Frauen.

Es kommen verrückte Anfragen. »Ich habe sehr interessante Frauen getroffen«, erzählt Jan. Etwa die schöne Frau Anfang zwanzig, die auch mit Jan Sex haben will, um die Wahrscheinlichkeit einer Schwangerschaft zu erhöhen. Oder die Oberärztin, die mit Ende dreißig zwar eine steile Karriere hingelegt hat – dafür aber keine Zeit für eine Beziehung hatte und sich jetzt noch ein Kind wünscht. Jan findet die Frauen nett, so richtig vorstellen kann er es sich aber mit keiner. Bis er Sofia begegnet. »Wenn's mit ihr nicht klappt – dann mit keiner«, das ist ihm sofort klar. Sie unterhalten sich stundenlang. Das Gespräch geht schnell in die Tiefe. Da ist eine Verbindung, die sie beide sofort spüren. Jans Euphorie über diese tolle Person erfährt jedoch rasch einen Dämpfer: Sofia ist noch in einer Beziehung. Das sagt sie ihm ganz offen. Kann das gut gehen?, fragt sich Jan.

Auch Sofia weiß schon lange, dass sie sich Kinder wünscht. Allein, sie findet nie den richtigen Mann dafür. Ihre erste lange

Beziehung geht auseinander, als sie fünfundzwanzig Jahre alt ist, nach fünf Jahren. Diese Dinge passieren. Ihr nächster Partner hat ganz andere Vorstellungen von Elternrollen, das wird ihr im Laufe der Beziehung immer klarer. Er mag es klassisch, sehr traditionell. Sofia weiß, wenn sie mit ihm ein Kind bekommen würde, wäre sie die Hausfrau, die sie nie sein wollte. Unter anderem aus diesem Grund trennt sie sich schließlich. Ihre dritte längere Beziehung führt sie noch, als sie sich bei Familyship anmeldet. Gleichzeitig aber gibt es einen Grund für ihre Anmeldung auf der Plattform: Sie weiß eigentlich schon, dass es mit ihrem Partner nichts mehr wird. Er behandelt sie mies. Dann gelobt er wieder Besserung. Dann behandelt er sie wieder mies. Sofia stellt die Beziehung immer mehr infrage. Ein Kind kann sie sich mit ihrem Freund inzwischen nicht mehr vorstellen.

Als sie ein Video über ein lesbisches und ein schwules Paar in Berlin sieht, die zusammen ein Kind haben, fällt es ihr wie Schuppen von den Augen. »Klar! Solche Konstellationen muss es ja geben.« Der Gedanke geht ihr nicht mehr aus dem Kopf: Familie muss doch auch anders möglich sein, nicht nur als Mann-Frau-Kind-Konstellation. Sie meldet sich bei Familyship an.

Jan ist der Erste, den sie überhaupt trifft. Sie sagt ihm im Forum nicht ihren richtigen Namen, lädt auch kein Profilbild hoch. »Jan fand das ein wenig paranoid.« Sie hat eben schon viele Erfahrungen mit Onlinedating gemacht, darum ist sie vorsichtig. Sie will sich mit Jan zunächst treffen, um sich über das Thema auszutauschen, die Möglichkeiten zu besprechen – sie sucht nicht unbedingt direkt einen potenziellen Vater. Beim Treffen aber fühlt Sofia genau wie Jan: Der ist es. So ein Date hatte sie noch nie. Er ist vielleicht der erste Mann überhaupt, mit dem sie sich ein Kind tatsächlich vorstellen kann.

Jan ist aufgeregt. Sofia meldet sich nicht. Sie wird ja bestimmt nicht Schluss machen mit ihrem Freund, nach nur einem Treffen mit ihm, dem fremden schwulen Mann. Jan wartet auf Nachricht von ihr, aber da kommt nichts. »Ein Missverständnis«, sagt Sofia heute. Sie wundert sich nämlich ihrerseits, dass Jan sich nicht meldet.

Einen Monat später dann doch die Nachricht von Sofia: Sie hat sich von ihrem Partner getrennt. Sofia lernt Carsten kennen. Sie treffen sich zu dritt, mehrmals. Fahren übers Wochenende weg, zu dritt. Und Sofia und Jan treffen sich immer wieder auch zu zweit, lernen sich immer besser kennen. Carsten sieht das alles ungern. Er mag Sofia zwar lieber als Cornelia, doch auch an sie kann er sich nicht so leicht gewöhnen. Sofia und Jan sind schnell sehr eng. Carsten fällt es schwer, die neue Situation zu akzeptieren. Er fühlt sich ausgeschlossen.

Die beiden Männer streiten wieder viel. »Wenn der eine ein Kind will und der andere nicht, dann gibt es keinen Kompromiss«, sagt Jan. »Man kann ja kein halbes Kind bekommen.« Jan versichert Carsten, dass sie weiter ihre Freiräume haben werden. Das Kind wird ja nicht immer bei ihnen sein, sondern zur Hälfte bei Sofia. »Jedes zweite Wochenende haben wir im Vergleich zu anderen Eltern unsere Ruhe. Können wegfahren. Partnerschaft leben.« Am Ende lässt er es darauf ankommen. Er will es machen. Und Carsten? Hängt irgendwie mit drin. Eine Trennung steht aber nie im Raum.

Jan und Sofia sind bald fest entschlossen. Irgendwann setzen sie sich zu dritt hin und machen einen Plan. Wer würde sich wann um das Kind kümmern? Wer steuert wie viel wozu bei? Wo soll das Baby schlafen? Wo wohnen? Wer sieht es wann und wie oft? Wer zahlt Unterhalt? Jan und Sofia recherchieren, suchen nach Anwälten für Familienrecht. Doch selbst die, die auf Regenbogenfamilien spezialisiert sind, kennen sich nicht richtig aus. Ihre Konstellation ist aus rechtlicher Sicht immer noch Neuland. Schwule Eltern, die Kinder adoptieren, gibt es – wenn auch selten. Lesbische Paare, die mit Samenspenden schwanger werden, auch. Es wäre für Jan und Carsten, realistisch betrachtet, nicht leicht gewesen zu adoptieren, das wissen sie selbst. Die Vergabestellen bevorzugen klassische Familien, also heterosexuelle Paare. Das sagt ihnen dann auch die Anwältin, die ihnen schließlich hilft. Drei Eltern, diese Zusammensetzung gibt es noch nicht oft. Es fehlen Vorbilder. Und es mangelt auch an einschlägigen Informationen. Woran orientiert man sich, wenn man selbst gerade einen Testballon startet?

Gemeinsam mit der Anwältin setzen die drei einen Co-Parenting-Vertrag auf. Wenn Jan die Vaterschaft anerkennt und das Sorgerecht zugesprochen bekommt, ist es für ihn wie für jeden anderen Vater. Carsten hingegen hat rechtlich gesehen kaum eine Chance, ebenfalls als »Vater« anerkannt zu werden. Mit einer Klage würde er im Nachhinein wohl nicht viel erreichen. Doch durch drei lässt sich das Sorgerecht eben nicht teilen. Mit der Anwältin halten sie trotzdem fest, dass Carsten im Falle einer Trennung oder eines Streits mit Sofia ein Recht darauf hat, das Kind zu sehen. Und dann gibt es noch ganz andere Überlegungen: Wie steht es um Werte, um Moral, um Politik? »Damit sich niemand als AfD-Wähler entpuppt«, sagt Jan. Beim Thema Religion sind sie uneinig. Jan ist christlich, Sofia Atheistin. Sie halten sich die Option offen, ob ihr Kind irgendwann in einer nichtkirchlichen Form getauft wird. Welche Schulbildung schwebt ihnen vor, welches Elternzeitmodell? Alles Dinge, über die sich werdende Eltern sowieso austauschen. Nur vielleicht nicht in dem Maße, wie Jan, Sofia und Carsten es nun tun müssen. Einen Vertrag schließen Eltern sonst auch eher selten.

Mehr Flexibilität im Familienrecht wäre für die drei ein Vorteil, sagen sie. Eine Möglichkeit wäre zum Beispiel, das große und kleine Sorgerecht auf mehr als zwei Personen zu verteilen. Kleines Sorgerecht wird sonst Stiefeltern in Patchworkfamilien zugesprochen, wenn der frühere Partner und zweite Elternteil kein Sorgerecht mehr hat. Herkömmliches Sorgerecht durch drei, das findet Jan zu viel. Das würde doch auch das Kind verwirren, glaubt er. Sofia wäre schon froh gewesen, wenn eine Konstellation wie ihre rechtlich überhaupt vorkommen würde. Vor dem Gesetz aber gibt es ihre Familie so nicht. Lesbische und schwule Paare werden im Vergleich zu heterosexuellen sowieso diskriminiert: Der eine Partner kann eben nicht die Vaterschaft anerkennen lassen, während das bei andersgeschlechtlichen Paaren ja selbst dann möglich ist, wenn der Vater nicht der leibliche ist. Und eine zweite Mutter hat bei einem nicht verheirateten Paar sowieso keine Rechte. Stattdessen muss das Kind in einem langwierigen, bürokratischen und emotional teilweise aufreibenden Prozess adoptiert werden. Ähnlich ist es nun für Carsten: Er hat rein rechtlich gesehen keine Chance, irgendwie für Klara da zu sein, sollten Sofia und Jan das irgendwann nicht mehr wollen. Regenbogenfamilien sind in Deutschland zwar erlaubt, werden auch gelebt – doch eine abgesicherte faire Regelung gibt es für sie nicht.

Sie probieren es – mit der Becher-Methode. »Es ist schon ein komisches Gefühl, sich einen herunterzuholen, und nebenan sitzt dann Sofia. Und dann gehe ich mit der Spritze rüber«, erzählt Jan. Für ihn sei es komischer als für sie, meint Sofia. Sie geht vorher zu einem Gynäkologen, erkundigt sich nach einer Insemination. Das macht er nicht, wenn die Frau nicht verheiratet ist, erklärt der Arzt. Sofia findet ihn trotzdem korrekt: Er gibt ihr Spritzen und Becher mit. »Das können Sie genauso gut zu Hause machen, ist auch viel billiger.« Sofia injiziert sich das Sperma selbst.

Und dann klappt es beim ersten Versuch. So richtig glauben kann es niemand von ihnen. Sie gehen wie auf Watte. Dann geht das große Planen los, und: das große Freuen. Jan und Sofia,

Carsten und Sofia kennen sich ein Dreivierteljahr – und jetzt sollen sie ein Kind zusammen bekommen. »Das ist schon krass.«

Doch Sofia verliert das Kind. Fehlgeburt, neunte Woche. Im Nachhinein sagen sie: Das Erlebnis hat uns zusammengeschweißt. Die Trauer hat uns einander nähergebracht. Doch in dem Moment ist es einfach nur schlimm. Für Sofia, die erst mal eine große Reise macht, sie ist fertig. Für Jan, der nach so vielen Jahren des Wünschens und Hoffens und Sehnens kurz richtig viel Hoffnung hatte. Und auch für Carsten, obwohl er das alles eigentlich nicht so nah an sich heranlassen wollte.

Als Sofia verreist, überkommt Jan die Angst: Was, wenn Sofia sich verliebt? Und mit der Person dann lieber ein Kind will? »Und das ist ja auch passiert!« Sofia winkt ab: »Das war mehr so ein Urlaubsding.« Der Mann, den sie auf der Reise kennenlernt, findet ihre Konstellation tatsächlich äußerst merkwürdig. Er passt wohl auf Dauer nicht zu ihr, das ist Sofia schnell klar.

Sie brauchen eine Weile, um sich wieder zu sammeln. Um Luft zu holen. Zu trauern. Dann machen sie weiter. Sie versuchen es noch drei Mal – dann ist Sofia wieder schwanger. Sofia sagt über sich selbst, sie sei »sehr verkopft«. Sie mache sich die ganze Zeit Gedanken, über alles. Muss man vielleicht auch, in einer so neuen und anderen Situation, die sie für sich alle geschaffen haben, in einer neuen Familie, die anders ist als die herkömmlichen Familien. Familie 2.0.

Die Schwangerschaft ist im weiteren Verlauf recht kompliziert. Sofia hat ständig Wehen, muss mehrmals ins Krankenhaus, über lange Zeit darf sie nur ruhen. »Jan hat alles gewuppt«, sagt sie. Schon jetzt stellt er sich als die richtige Wahl für einen Vater heraus, er unterstützt sie, wo er kann.

Carsten hält sich lange aus allem raus. Es gibt auch mal Knatsch, zwischen ihm und Sofia, zwischen ihm und Jan. Er verdrängt, dass da bald ein Baby kommt. Doch Sofias Bauch wächst und wächst. Kurz vor der Geburt beginnt er Fragen zu stellen. Jan und Sofia horchen auf. Sie wissen nicht, wie involviert er sein will. Er weiß es ja selbst nicht. »Sofia und ich haben uns nicht immer gut verstanden«, sagt Carsten. »Auch darum habe ich mich rausgehalten.« »Das war Eifersucht«, sagt Jan. »Mag sein«, meint Carsten. »Sofia und ich«, erklärt wiederum Jan, »sind ja auch sehr, sehr eng befreundet. Wir sind wie ein altes, schrulliges Pärchen.« Bei dieser Diskussion hält Sofia sich raus.

Weil Sofia alles doppelt und dreifach plant und durchdenkt, sind sie vor der Geburt auf jeden Fall vorbereitet. Jan muss zweimal vom Klinikparkplatz ins Krankenzimmer laufen – so viel Gepäck und Equipment haben sie dabei. »Dabei hätten wir auch im T-Shirt, ohne alles, kommen können«, sagt Jan. Sofia grinst. Sie ist eben gern vorbereitet. Kann ja niemand vorher wissen, wie reibungslos alles verläuft. Sie erinnert sich gern an die Geburt. Eine tolle Erfahrung, sagt sie.

»Na ja, dir ging es schon extrem schlecht«, meint Jan.

»Okay, das mit dem Kotzen war scheiße.«

»Eigentlich war es doch erst schön, als Klara dann da war.«

»Ja, aber der Moment, als sie dann kam …« Sofia erinnert sich noch genau: Dass ihr Körper genau wusste, was zu tun war. »Das war irre.« Und dann war Klara plötzlich da, »und ich konnte gar nicht glauben, dass es schon geschafft ist«.

Sofia muss sich die ganze Zeit übergeben, so sehr nehmen die Wehen sie mit. Im Krankenhaus reagiert niemand überrascht auf ihre Situation. Jan ist bei der Geburt dabei. Den Moment, als ihre Tochter kommt, erlebt Sofia dann als absolut magisch. Als Carsten später ins Zimmer kommt, sagt die Schwester nur: »Ach so, Sie sind auch Vater.«

Klara ist jetzt da, und für die drei Erwachsenen verändert sich schlagartig vieles. Ausgerechnet Carsten, der vorher ja nichts sein wollte oder jedenfalls nicht dasselbe wie Jan oder Sofia, sitzt jetzt abends da, hält Klara fest und schaut sie stundenlang an. In vollkommener Verzückung. »So habe ich ihn noch nie vorher gesehen«, sagt Sofia. Das Kind bringt sie und Carsten näher zusammen. Und doch: Für Sofia wirft der neue, zweite Vater Fragen auf. Will Carsten nun doch Papa sein? Was bedeutet das für sie und ihre Zeit mit Klara? Jan und Sofia sind die ersten Wochen vollkommen fertig, Schlafentzug. Ihr Baby, ihre heißgeliebte und lang ersehnte Tochter, ist zwei Monate lang ein Schreibaby. Ziemlich nervenaufreibend. Einmal sitzt Jan nach nicht mal drei Stunden Schlaf nachts draußen im Regen, im Kinderwagen neben sich das brüllende Kind. So hat er sich das nicht vorgestellt, denkt er da kurz. Ohne Carsten wären Sofia und Jan aufgeschmissen, auch das merken sie schnell. Er ist ruhig, entspannt. Er arbeitet zwar den ganzen Tag, doch wenn er abends kommt, löst er die beiden ab. Dabei geht es ihm gar nicht so sehr um die beiden oder um das Konzept, um diese Familie, zu der er nun mal jetzt gehört. Er hat sich einfach in Klara verliebt. Dieses Baby, egal, ob es schreit oder schläft, dieses kleine Wesen hat ihn verzaubert. Der Rest ist erst mal egal.

Nach der Geburt übernachtet Jan bei Sofia und Klara, sie schlafen am Anfang sogar in einem Bett. Er kann Klara zwar nicht stillen, aber er kann Sofia unterstützen, da das Kind so viel schreit. Es ist auch für die Beziehung von Jan und Carsten nicht selbstverständlich, dass Jan ständig weg ist und seine Zeit mit Sofia und Klara verbringt. »Carsten hat uns da viele Freiräume gegeben«, sagt Sofia.

Sofia nimmt Elternzeit und bekommt beim Elterngeld den Höchstsatz, sie verdient sonst gut. Die finanziellen Ausfälle, die sie durch die Elternzeit hat, gleicht Jan zur Hälfte aus. So handhaben sie es mit allem, seit Klara regelmäßig in beiden Haushalten ist. Als Klara zu Beginn nur bei Sofia lebte, hat Jan Unterhalt gezahlt. Jan und Sofia zahlen jeden Monat einen Anteil ihres Gehalts auf ein gemeinsames Konto ein, davon wird unter anderem später die Tagesmutter bezahlt. Für andere Anschaffungen, Babykleidung etwa oder Spielzeug, gibt es keine festen Absprachen. Bisher gab es da keine Probleme.

Auch Jan nimmt Elternzeit, für ihn ganz selbstverständlich. Er ist genau der aktive Vater, den Sofia sich immer gewünscht hat. Die Zeit allein mit der kleinen Tochter genießt er, »es ist aber auch anstrengend«. Er ist froh, dass sie zu dritt sind. »Ich habe einen Wahnsinnsrespekt vor Alleinerziehenden.«

Inzwischen arbeiten Sofia und Jan beide wieder, jeweils fünfundzwanzig Stunden die Woche. Mehr können sie sich beide auch erst einmal nicht vorstellen. Klara ist vormittags bei der Tagesmutter und nachmittags bei Jan oder Sofia. Das muss man sich leisten können. Jan und Sofia sind beide selbstständig und verdienen gut – um ihre Anonymität zu wahren, wollen sie ihre Berufe nicht veröffentlicht wissen. Klara kann schließlich noch nicht mitentscheiden, was ihre Eltern über die Familie erzählen. Carsten ist Angestellter in Vollzeit, er arbeitet in einer anderen Stadt und muss gelegentlich auf Dienstreisen. Einen Anspruch auf Teilzeitarbeit oder Elternzeit hat er nicht.

Die Sache mit der Tagesmutter war kurios, sagt Sofia: Eigentlich soll Klara in die Kita, über Beziehungen, doch kurzfristig zerschlägt sich die Möglichkeit. Bei einer Tagesmutter wird ein Platz frei, sie werden gebeten, vorbeizukommen, zum Kennenlernen. Die Tagesmutter öffnet die Tür, sie ist Muslimin, trägt ein Kopftuch. »Das wird nichts«, schießt es Sofia durch den Kopf. »Die nimmt uns sowieso nicht.« Inzwischen ist Klara seit mehreren Monaten dort, die vier lieben ihre Tagesmutter. Obwohl sie selbst immer mal wieder mit Vorurteilen konfrontiert sind – auch die eigenen müssen sie ablegen. Sofia ist froh, dass es so gekommen ist.

Carsten fühlt sich heute als Co-Vater, sagt er. »Ich bin der Papi.« Wenn Klara sich in irgendeine Ecke verkrabbelt, ist Carsten dort, um sie zu befreien oder davor zu bewahren, umzufallen. Klara lächelt ihren Papi freundlich an. »Ich habe erst durch den Umgang mit dem Kind eine Beziehung zu ihm aufgebaut«, sagt Carsten. So wie ihm geht es nicht wenigen Vätern. Mit dem Baby im Bauch der Mama können sie vor der Geburt oft noch nicht viel anfangen. Man muss einander eben kennenlernen, wenn das Baby da ist.

Sofia spürt in den ersten Monaten so etwas wie eine »unsichtbare Restnabelschnur«. Wenn sie Klara länger nicht sieht, fragt sie sich: Muss ich sie stillen? Geht es ihr gut? Sie hält es nicht länger als ein paar Stunden ohne ihre Tochter aus. »Das geht mir nicht so«, meint Carsten. »Aber du liebst sie ja«, sagt Jan. »Ja«, bestätigt Carsten.

»So richtig entspannt«, sagt Jan, »ist es erst, seit Sofia auch wieder einen Partner hat.« Sofia hat Tim im Internet kennengelernt. Beim ersten Treffen erzählt sie ihm von ihrer Tochter – und von den beiden Vätern. Tim ist überrascht, hat von so einer Familienzusammensetzung noch nie zuvor gehört, trifft sich aber weiter mit Sofia. Seine Fragen beantwortet sie ihm gern. Irgendwann sagt er: Eine Frau mit Kind, das habe er sich vorher eigentlich nicht vorstellen können. Aber er hat sich in Sofia verliebt. Und Sofia sich in Tim. Außerdem merkt Tim schnell: Sofia hat ziemlich viel Zeit für ihn, kann Ausflüge mit ihm machen, viel unternehmen. Sie ist ja nicht alleinerziehend. »Für Dates ist das ziemlich praktisch«, sagt Sofia. Überhaupt: Erst seit sie ihre Tochter hat, findet sie Dating entspannter. Sie geht gelassener zu Treffen. »Weil ein großer Druck weg ist.« Der Druck »mit dem muss ich auch Kinder kriegen« besteht nicht mehr, seit sie ihre Tochter hat. Dating ohne Kinderwunsch ist viel entspannter, findet Sofia. Sie hat sich den Wunsch schließlich schon selbstständig erfüllt. Sie sucht keinen Familienvater, sondern einen Partner.

Irgendwann lernt Tim Papa, Papi und Klara kennen. Erlebt den Alltag mit. Er lernt den Umgang mit dem Baby, Klara ist noch kein Jahr alt. Irgendwann fahren Jan und Carsten zum ersten Mal weg. Jan vermisst Klara unheimlich. Als er Klara abends beim Skype-Gespräch auf Tims Schoß sitzen sieht, versetzt ihm das einen Stich. Ist da Platz für noch einen Vater? Doch der Beziehung von Carsten und Jan tut der neue Mann gut. Auch, weil Sofia nicht mehr so stark das Bedürfnis nach Zeit mit ihnen hat. Familienzeit zu viert ist wichtig, das ist ihnen allen klar. Aber nun sind sie eben oft zu fünft – und das funktioniert auch. Im Winter fahren alle zusammen in den Skiurlaub.

Wie reagierte das Umfeld auf ihre Familienplanung? »Das ist das Dümmste, was ich jemals gehört habe«, hatte eine Freundin zu Jan gesagt, als er zum allerersten Mal von seinen Plänen, Vater zu werden, erzählte. Das war noch zu der Zeit, als er mit seiner Ex-Freundin darüber nachdachte. Ansonsten, erzählen Carsten, Sofia und er, gab es häufig positive Reaktionen. Viele Leute sind neugierig, finden die Familie interessant. Aber manche fragen auch: »Ist das denn gut fürs Kind?« Die ganzen alten Vorurteile: Können zwei Männer mit einem Kind leben? Wird das Kind dann auch homosexuell? Sind drei Eltern nicht einer zu viel?

Sofia bekam ganz unterschiedliche Reaktionen auf ihren Plan. Viele Freundinnen reagierten überraschend positiv, unterstützten Sofia sofort. Ihre Eltern waren – wie die von Jan – erst einmal perplex. Irgendwann meinte ihr Vater: Auch viele Hetero-Ehen sind schlecht, und die bekommen auch Kinder. Selbst seine Geschwister aus Bayern, die Sofia konservativer eingeschätzt hätte, freuten sich, als Klara da war. Eine Tante mit unerfülltem Kinderwunsch besonders. Sofias Mutter haderte länger, auch weil sie Angst hatte, was andere Leute denken würden. Doch als Sofia dann schwanger wurde, weinte sie vor Glück. »Ich habe insgesamt unfassbar viel Unterstützung bekommen«, sagt Sofia heute.

»Meine Eltern hatten fünf Jahre Zeit, sich darauf vorzubereiten«, meint wiederum Jan. Und jetzt sind sie glücklich über das Enkelkind. Sofias und seine Eltern leben in der gleichen Stadt und sind inzwischen sehr offen für die Konstellation der Familie. Die Großeltern unterstützen sie regelmäßig bei der Betreuung. Carstens Vater ist »super konservativ«, wie Carsten sagt. Er muss sich noch einfinden in seine Rolle als »Opi« neben zwei »Opas«. Opi freut sich, seine Enkelin zu sehen, fragt aber auch: »Wie nennt man das denn jetzt?« Als eigentlich nicht biologischer Opa solle er sich trotzdem als Opa fühlen, erklären sie ihm. Negativ hat Opi sich nie geäußert – er hat nur einfach viele Fragen.

»Ich habe immer sehr offen schwul gelebt, deswegen stört es wohl auch niemanden«, meint Jan. »Durch meine Tochter hat sich aber auch mein Standing geändert. Ich bin stolz darauf, mit einem Mann ein Kind zu haben. Man fühlt sich dadurch auch weniger ausgegrenzt oder benachteiligt. Es fällt mir jetzt viel leichter, mich zu outen, das zu leben.«

Ein zweites Kind wollen Mama, Papa und Papi nicht. Jan ist am Ende seiner Reise, das spürt er. »Noch mal der ganze Stress, die Schwangerschaft, die ersten schwierigen Wochen – das muss nicht sein«, meint er. Am Anfang wollte Klara die Flasche nicht nehmen, Jan musste also alle ein bis zwei Stunden mit ihr zu Sofia. Solche Dinge sind aufreibend. »Ich bin schon froh, dass Klara jetzt vierzehn Monate alt ist.« Aber er sagt auch: »Wenn hier jemand klingeln und ein Baby vor die Tür legen würde – sofort!« Für Carsten ist es sowieso gut so, wie es ist. Und Sofia? Kann sich mit Tim auf jeden Fall ein zweites Kind vorstellen. »Weil er ein moderner Mann ist, der sich viel einbringt.« Für Jan und Carsten wäre das kein Problem. »Ich würde das schön finden, um das zweite Kind würde ich mich auch kümmern wollen, als Onkel oder so«, sagt Jan. »Echt?« Sofia strahlt ihn an. Egal, ob sie ein zweites Kind mit einem anderen Mann bekommt oder nicht – einen Papa hat sie immer an ihrer Seite.

Für Jan ist ihre Familie kein Hilfskonstrukt, keine Notlösung. Das Modell ist genau das, was er auch leben will. Sie alle haben Zeit für ihre Partnerschaft, teilen sich die Sorgearbeit und sind, so glauben sie, durch die zusätzliche Person womöglich weniger gestresst als Hetero-Paare, die nicht nur zu zweit sind, sondern auch zusehen müssen, wie sie trotz Kind ihre Liebesbeziehung pflegen. Unabhängig voneinander benutzen alle drei an diesem Tag dieselbe Formulierung: »Klara ist das größte Glück.«

Klara ist das alles sowieso egal. Ihr geht es ziemlich gut in diesem Wohnzimmer, das vollgestopft ist mit Spielzeug. In der einen Ecke steht ein Tipi, in das sie kriechen kann. Auf der anderen Seite ein kleines Bällebad mit silbernen Bällen. Vor den Sofas liegen gummiartige Teppiche, so dass Klara sich nicht wehtut, wenn sie wieder mal umkippt. Sie ist ein offenes und freundliches Kind, mehrmals krabbelt sie an diesem Nachmittag auch zu mir – ich sitze wegen der Corona-Pandemie auf Abstand am offenen Fenster. Klara schenkt mir ihr Söckchen, eine Packung Taschentücher und so ein freundliches Babylächeln, das meine Knie weich werden lässt und mir tief in der Magengrube einen Stich versetzt. Einmal schreit und heult Klara an diesem Nachmittag, als sie sich etwas heftiger stößt. Sie weint und schaut sich suchend um – sie will zu Jan. Papa nimmt seine Tochter, tröstet sie. Alles ganz normal in dieser Familie.

Mütter, die bereuen

Lucie

Als Lucie ihrem Mann gesteht, dass Muttersein für sie nicht die absolute Erfüllung ist, reagiert er – entsetzt. »Wie, du liebst deine Kinder nicht?« Bis heute hat sie ihm nicht beibringen können, dass es ihr nicht um Liebe geht. »Ich definiere mich nicht übers Muttersein.« Lucie schaut mich an, durch ihre Webcam, auf meinen Laptopbildschirm, in mich rein. Sie ist nicht schüchtern, wenn sie das sagt – so richtig wohl fühlt sie sich dabei aber auch nicht. Wenn schon der eigene Partner sie nicht versteht, warum dann ich?

Dabei hatte Lucie von Anfang an keinen zwingenden Kinderwunsch, wohl aber ihr Mann. »Ich dachte mir, man kann der Natur freien Lauf lassen«, sagt Lucie. Es ging ihnen gut, sie und ihr Mann arbeiteten beide selbstständig. »Wir dachten trotzdem: Wir kriegen das hin. Man beschäftigt sich natürlich schon damit, was es bedeutet, Kinder zu haben. Aber mit der Realität hat das dann nicht mehr viel zu tun.«

Es gibt keine genauen Zahlen zur Bewegung »Regretting Motherhood«, also den Müttern, die bereuen. Klar ist aber: Sucht man nach einer Mutter, die mit der ihr zugetragenen Rolle nicht im Reinen ist, die nicht weiß, wie sie da gelandet ist, wo sie nun ist, und warum sie sich nicht so fühlt, wie andere Mütter sich offenbar fühlen – man wird sehr schnell fündig. Im Jahr

2015 erschien die Studie *Regretting Motherhood* der israelischen Soziologin Orna Donath. In einer qualitativen Umfrage hatte Donath dreiundzwanzig Mütter befragt, die sich allesamt gegen Kinder entscheiden würden, hätten sie noch einmal die Wahl.[16] Der Publikation folgte ein sogenannter Aufschrei oder zumindest eine Debatte, auch in Deutschland – und irgendwie taten alle ganz überrascht. Wie, Mütter finden es gar nicht immerzu nur gut, Mutter zu sein? Ach, es ist anstrengend, Kinder zu haben? Was, Mütter wünschen sich mehr Gleichberechtigung in der Aufteilung der Sorgearbeit? Nun, da »weibliche Gefühle« einmal öffentlich, also auch von Männern, diskutiert wurden, verloren sie – für einen Moment – ihren Befindlichkeitsstatus und bekamen eine politische Dimension. Immerhin geht es auch um den Fortbestand der eigenen Spezies. Und wie immer, wenn Frauen den Anspruch äußern, sich über die Welt, über Gesellschaft und die Politik Gedanken zu machen, gab es bald heftigen Gegenwind. Nicht nur wurden die Frauen, die sich geöffnet hatten, die zugegeben hatten, dass sie mit ihrer Rolle nicht vollkommen im Reinen waren, bestenfalls zu Nörglerinnen und schlimmstenfalls zu Rabenmüttern deklariert. Sie wurden öffentlich diffamiert, als psychisch krank dargestellt – oder schlicht als wohlstandsverwahrlost. »Geht's noch?«, hieß es etwa in der *ZEIT*.[17] Von »Idiotie« dieser Mütter war dort noch in einem anderen Artikel die Rede.[18] Und in der *F.A.Z.* war zu lesen: »Wer es bereut, Kinder zu haben, hätte sich das vorher überlegen müssen; Anschauung gibt es genug.«[19] Kein Wunder also, dass sich Mütter, die mit ihrem Dasein als Mutter nicht zufrieden sind – und das, obwohl sie nicht allein sind –, nur selten über diese Gefühle äußern. Auch die beiden Mütter, mit denen ich für dieses Buch sprechen konnte, möchten lieber anonym bleiben, ihre Namen habe ich verändert. Sie fürchten einen Shitstorm.

Die Debatte um bereuende Mütter bekam 2016 neuen Aufwind mit gleich zwei Studien, die abermals zeigten, dass das

Phänomen des Bedauerns bei Eltern nicht selten auftritt. Die von der *ZEIT*, dem Wissenschaftszentrum Berlin für Sozialforschung (WZB) und dem Institut für angewandte Sozialwissenschaft (infas) durchgeführte sogenannte Vermächtnisstudie schloss beinahe nahtlos an die Diskussion an. Die Soziologin und WZB-Präsidentin Jutta Allmendinger beschrieb deren Fazit so: »Frauen ohne Kinder und – noch stärker – kinderlose Männer finden, der kommenden Generation sollten Kinder wichtiger sein, als sie ihnen selbst waren. Sie bereuen also das Gegenteil – keine Kinder bekommen zu haben.«[20] Interessanterweise seien bei der gleichen Frage Eltern, die das Leben mit Kindern kennen, zurückhaltender gewesen. In einem Gespräch mit Alice Schwarzer sagte Simone de Beauvoir schon 1976: »Ich glaube, eine Frau sollte sich vor der Falle der Mutterschaft und der Heirat hüten. Selbst wenn sie gern ein Kind hätte, muss sie sich gut überlegen, unter welchen Umständen sie es aufziehen müsste: Mutterschaft ist heute eine wahre Sklaverei. Väter und Gesellschaft lassen die Frauen mit der Verantwortung ziemlich allein.«[21] Ob Mutterschaft oder auch Elternschaft noch immer eine Sklaverei ist, vermag ich nicht zu beantworten. Doch die Entscheidung, die Frauen laut Allmendinger noch immer treffen müssten, lautet: »Kind oder gute Arbeit?« Die Vermächtnisstudie ist von 2016. Allein, ihre Ergebnisse könnten auch von 1976 sein.

Im Juli desselben Jahres erschien noch eine zweite Studie, die im Auftrag des Marktforschungsinstituts YouGov[22] durchgeführt worden war und ähnliche Ergebnisse aufwies wie die Vermächtnisstudie. Der Aussage »Wenn ich mich heute noch einmal entscheiden könnte, würde ich keine Kinder mehr bekommen wollen« stimmten 20 Prozent der befragten Eltern zu. Auch die YouGov-Studie zeigt, dass es viel um Vereinbarkeitsfragen geht: 81 Prozent derer, die nicht noch einmal Kinder bekommen würden, sagten, sie hätten sich durch die Kinder in ihrer persönlichen Entfaltung eingeschränkt gefühlt, 61 Prozent meinten, ohne Kinder wäre ihr beruflicher Aufstieg besser verlaufen. Bei einer Frage sind sich jedoch so gut wie alle Eltern einig, ob sie bedauern oder nicht: 97 Prozent gaben an, ihre Kinder zu lieben. Es scheint also kein Problem zu sein, nebeneinander existierende Gefühle zu haben – auch wenn den bedauernden Müttern häufig vorgeworfen wird, sie würden ihre Kinder nicht lieben. Von allen befragten Eltern gaben 52 Prozent an, es sei möglich, die Mutterschaft zu bereuen und sein Kind trotzdem zu lieben. Ein bitterer Nachgeschmack bleibt trotzdem. »Arbeite oder arbeite nicht«, schrieb meine Kollegin Julia Bähr 2016 in der *F.A.Z.* »Du wirst beides bereuen.«[23]

Weil Lucie es selbst toll findet, Geschwister zu haben, wollte sie ihrer Tochter diese Erfahrung nicht verwehren – und bekam noch eine Tochter. »Mittlerweile war klar, dass ich mich voll darum kümmern würde«, erzählt sie. Trotzdem fragte sie vorher ihre Mutter um Rat, ob sie ein zweites Kind überhaupt bekommen sollte. Sie spürte, dass sie es allein nicht schaffen würde, ohne deren Unterstützung, auch bei der Betreuung. Ihre Mutter hatte Verständnis, riet ihr aber zu. Die Entscheidung, dass sie ihre Selbstständigkeit nicht weiter vorantrieb, ihr Mann aber schon, war eigentlich keine wirkliche Entscheidung, erinnert sie sich. Es ging um die finanzielle Absicherung der Familie, und irgendwie hinterfragte sie das Modell auch nicht. »Obwohl ich selbst mit einer Mutter aufgewachsen bin, die arbeitete. Mein Vater war mehr zu Hause.«

Inzwischen sind Lucies Töchter acht und fünf. Sie sind pflegeleicht und selbstständig, findet sie, darauf ist sie stolz. Trotzdem ist es für Lucie kein Problem, ihre Töchter in die Betreuung oder zu ihrer Mutter zu bringen. »Mir hat das nie etwas ausgemacht«, sagt sie. Sie wunderte sich zuweilen über die Mamas, die überall mit hinwollten, keinen Schritt ohne Baby tun konnten. Stimmte vielleicht mit ihr selbst etwas nicht, dass sie nicht so empfand? Lucie erwähnt ein besonders prägendes Erlebnis: »Meine Tochter ist mit ihrer Oma nach Spanien geflogen, sie war damals vier. Alle, denen ich davon erzählte, reagierten extrem.« Die Tochter sei doch erst vier! Und dann nach Spanien – für eine ganze Woche?! Lucie wusste nicht, was sie dazu sagen sollte. Ihr erschien das ganze Unterfangen überhaupt nicht abwegig.

»Ich war nie diese Übermutter«, meint Lucie. Sie höre auch ganz oft, dass andere Kinder nie woanders übernachten würden. »Meine Kinder finden das toll, die sind da ganz offen.« Sie selbst hatte damit sowieso kein Problem. Doch ihre Selbstzweifel wuchsen: War sie am Ende eine schlechte Mutter? Warum war es für sie so leicht, sich von ihren Töchtern auch mal zu trennen? Ihren eigenen Interessen, ihrem Beruf nachzugehen? Ihre Kinder waren oft unter den Letzten, die aus der Kita abgeholt wurden. »Da hört man schon mal: ›Das arme Kind.‹ « Lucie fühlte sich abgestempelt. Irgendwann erfuhr sie von »Regretting Motherhood«, las das Buch *Wenn Muttersein nicht glücklich macht* von Christina Mundlos. »Da wurde mir ganz viel klar. Es geht um dieses verklärte Mutterbild. Damit kann ich mich nicht identifizieren. Ich liebe meine Kinder über alles, ich würde für sie alles geben. Aber ich kann sie eben auch gut abgeben, und ich kann die Zeit ohne sie auch sehr genießen. Ich denke nicht ständig darüber nach, wo sie jetzt gerade sind, was sie gerade machen.«

Was Lucie bedauert oder bereut, ist nicht das Muttersein, sondern, wie sie selbst sagt, »das Mutter-geworden-Sein«. Ein Leben ohne ihre Töchter kann sie sich nicht vorstellen, will sie auch gar nicht. »Ich hätte mir allerdings gewünscht, besser aufgeklärt zu sein über das, was mich erwartet.« Und sie bedauert es, dass sie sich lange Zeit beruflich nicht verwirklichen konnte. »Es wird einem immer vermittelt, dass beides geht – Muttersein und arbeiten gehen.«

Lucie hat sich lange und gut überlegt, mit wem sie überhaupt über ihre Gefühle sprechen kann. Viele andere Mütter, die sie kennt, kommen dafür jedenfalls nicht infrage. Auch ihr eigener Mann versteht sie nicht recht. Ihre Mutter immerhin kann besser nachvollziehen, was sie meint. Dabei sind alle ihre Freundinnen mit Kindern berufstätig. »Es geht immer nur darum, alles unter einen Hut zu bringen.« Lucie spricht auch von einem selbst gemachten Problem, nämlich davon, dass sie und ihre Freundinnen viele Aufgaben einfach nicht abgeben können. »Arzttermine, Schulverpflichtungen, Freizeittermine, das machen alles wir.« Die Väter würden sich eben oft auch nicht darum reißen, die Organisation zu übernehmen.

Am meisten aber leidet Lucie darunter, nicht der Vorstellung von Mutter zu entsprechen, der sie sonst ständig begegnet: in den sozialen Medien, bei Prominenten, bei anderen Müttern, auf Mamablogs. Dieses Mutterbild besagt: Kinder zu haben erfüllt mich voll und ganz – und selbstverständlich verwirkliche ich mich, ganz nebenbei, beruflich. »Und eben auch: Man bekommt doch nicht ein Kind, nur um es dann fremdbetreuen zu lassen.« Bei ihrem ersten Kind – sie hat den Anspruch, es zu stillen – kommt sie nach einem Jahr an ihre Grenzen. Sie sehnt sich nach Begegnungen mit Erwachsenen. »Vielleicht«, denkt sie sich manchmal, »war das ursprüngliche Gefühl, das ich hatte – dass ich mir nämlich nicht unbedingt Kinder wünschte –, das richtige.« Ihr war stets vermittelt worden, dass Kinder eben dazugehören. Und sie hatte das vorher gar nicht hinterfragt.

***

Ich habe das Gefühl, dass ich sehr nahe am Kern der K-Frage bin, je mehr ich mich mit bedauernden Müttern und Eltern auseinandersetze. Es geht um die Verantwortung, von der mir vorher niemand sagen kann, ob ich sie dann auch wirklich gern übernehme. Viele

Frauen in meinem Alter empfinden diese Unsicherheit als Dilemma. Oft denke ich, dass ich eher keine gute Mutter wäre, denn genau die Organisationsfragen, von denen Lucie erzählte, liegen mir schon in meinem jetzigen Leben nicht sonderlich. Ich bin Vollchaotin, was Arzttermine und Rechnungsfristen angeht, nur Deadlines schaffe ich. Andererseits würde ich im Ernstfall eh nicht alles allein machen wollen. Terminstress, da darf gern auch mal mein Freund ran. Wenn ich mich aber schon mit dem normalen Leben überfordert fühle, wie soll ich dann noch für ein weiteres Lebewesen Sorge tragen, und sei es nur zu 50 Prozent? Das erscheint mir immer noch sehr viel.

Manche Soziologinnen und Soziologen sehen in diesem Gefühl von Überforderung eine vollkommen menschliche Reaktion auf die immer schneller werdende Arbeitswelt, auf Digitalisierung und ständige Erreichbarkeit. Die steigenden Anforderungen und der Druck im Arbeitsleben betreffen alle Generationen. Doch meine Generation ist gerade dran, wir sind diejenigen, die die Wahl haben: Soll ich obendrauf noch Familienstress packen?

Sina

Wenn Sina und ihr Mann die Kinder übers Wochenende zur Oma bringen, dann überkommt vor allem Sina schon im Auto unbändige Vorfreude. Was machen sie als Erstes? Was wollen sie unternehmen? Die Müdigkeit, die Sina sonst fast immer spürt, ist plötzlich wie weggeblasen, und Euphorie macht sich breit. Endlich wieder sich in Ruhe unterhalten, gemeinsam einen Film schauen, einfach nur zu zweit sein – für Sina wahrer Luxus. Die zwei Töchter fordern sonst ihre volle Aufmerksamkeit. Die jüngere ist jetzt drei, ein aufgewecktes Kind mit heller, lauter Stimme. Und die ältere geht zwar mit neun Jahren schon länger zur Schule, hat aber ADS, Lernschwierigkeiten, Probleme mit Routinen. Sina fühlt sich zu Hause mit beiden Kindern oft überfordert. Ist genervt, frustriert. Wird laut, obwohl sie es gar nicht will. Sie würde es ihren Töchtern nie sagen, doch sie bedauert es, Mutter zu sein.

Die schönste Zeit in ihrem Leben war, als Sina ihre erste eigene Wohnung bezog. Sie lebte getrennt von ihrem ersten Mann, die gemeinsame Tochter lebte die Hälfte der Zeit bei ihm. Sina arbeitete Vollzeit, endlich wieder. »Es war noch nicht mal mein Traumjob«, erzählt sie. »Aber ich habe die Unabhängigkeit geliebt.« Nach Hause kommen, ohne gleich für jemanden parat stehen zu müssen. Das selbst verdiente Geld in die eigene Wohnung stecken. Essen, wenn ihr danach war. Sich abends spontan mit Freunden treffen. Arbeiten – und davon gut leben.

Ihre erste Tochter bekommt sie mitten in der Ausbildung. Als sie die Schwangerschaft bemerkt, ist diese schon weit fortgeschritten. »Es passte mir eigentlich gar nicht ins Leben.« Ihre Periode kam seit jeher unregelmäßig oder gar nicht. »Ich habe es geahnt, aber verdrängt.« Sie bekommt ihr Kind, im Krankenhaus, wo sie sich sowieso nicht wohlfühlt; die Geburt ist schlimm: Die Mitarbeiter glauben ihr nicht, dass sie so lange nichts von der Schwangerschaft wusste. Man geht ruppig mit ihr um, unsensibel, respektlos. Doch als sie ihr das Baby auf die Brust legen, fühlt sie sich fantastisch. »Wie eine Göttin. Ich war so stolz, dass ich das tatsächlich geschafft hatte.« Die ersten Monate stillt sie, geht aber bald schon wieder zur Berufsschule. Sie will in ihrer Ausbildung nicht pausieren, es hat schließlich gedauert, bis sie einen Job fand, der ihr wirklich gefällt – den will sie jetzt um keinen Preis aufs Spiel setzen. Ihr erster Mann nimmt lange Elternzeit, kümmert sich gern um die Tochter, die sowieso ein sehr liebes und ruhiges Kind ist, das selten weint und nie schreit. Und Sina findet das Elternsein gar nicht schlimm.

Als sie in eine andere Stadt ziehen, beginnt die Beziehung

zu bröckeln. Eigentlich hatten sie Weltreisen unternehmen wollen, eine Ranch in Australien eröffnen, »Träumchen« nennt Sina das. Ein Kind hatten sie sich nie gewünscht. Die Trennung ist hart, ihr Partner bedroht sie, beleidigt sie, droht, ihr das Kind wegzunehmen, will nichts zahlen. Nach der Trennung teilen sie sich das Sorgerecht. Ihr Ex ist sauer, und Sina hat ein schlechtes Gewissen, hat das Gefühl, ihm jahrelang »auf der Tasche gelegen« zu haben. Im ersten Jahr verzichtet sie deshalb sogar auf Unterhalt. Vor manchen Treffen mit dem Ex ist sie so nervös, dass sie Durchfall bekommt. Der Umgang ist schwer für sie, belastet sie. Manchmal denkt sie: Wenn die Tochter nicht wäre, müsste sie ihn nie wiedersehen. So aber wird sie für immer mit ihrem Ex in Verbindung stehen und bis zum 18. Geburtstag ihrer Tochter auch irgendwie Kontakt zu ihm haben.

Trotzdem: Die Zeit nach der Trennung ist schön für Sina. Sie freut sich über ihre neu gewonnene Unabhängigkeit. Seit sie bei ihren Eltern ausgezogen war, hatte sie nie allein gelebt. Sie lernt ihren zweiten Mann kennen, »das war herrlich«. Er versteht sich gut mit ihrer Tochter, sie sind eine zufriedene kleine Patchworkfamilie. Am Wochenende ist ihre Tochter oft beim Vater, so dass Sina und ihr neuer Partner viel Zeit für sich haben. Irgendwann ziehen sie zusammen. Von seiner ersten Frau hat er sich getrennt, weil sie keine Kinder wollte. Sina setzt das unter Druck. Doch sie wünscht sich auch ein Kind mit ihrem Mann, will die Schwangerschaft dieses Mal genießen, »alles richtig machen«, wie sie sagt. Geburtsvorbereitungskurse, das Kinderzimmer schön einrichten, die richtigen Babygegenstände einkaufen. Bei der ersten Tochter hatten dafür Zeit und Geld gefehlt. Sina will es diesmal besser machen. Sie wünscht sich ein Kind, das aus der großen Liebe zu ihrem neuen Mann hervorgeht. »Ich dachte damals: Das wäre wirklich die Piemont-Kirsche auf dem Sahnehäubchen.«

Sie wünscht sich einen Sohn. Das würde, so glaubt sie, ihr

Bild einer perfekten Familie noch perfekter machen. Eine Tochter, ein Sohn. Doch der erste große Ultraschall ist ernüchternd: Es ist wieder eine Tochter. An diesem Abend kann sie nicht einschlafen. Sie weint die ganze Nacht. »Dass meine Tochter gesund ist und sich perfekt entwickelt, hat mich in dem Moment nicht interessiert.« Ihre erste Seifenblase ist geplatzt. Sie trauert tief – und schämt sich zugleich unheimlich. Eigentlich sollte sie froh sein, das weiß sie.

Die Geburt kann diesmal zu Hause stattfinden, doch die Schmerzen kommen ihr viel schlimmer vor als beim ersten Mal. Ihre erste Frage nach der Geburt gilt der Hebamme: »Ist da alles dran?« Weil es sich so komisch anfühlt. Als sie das Baby auf der Brust liegen hat, fühlt sie – nichts. Bis auf die Nachwehen, die Schmerzen sind der Wahnsinn. Es gelingt ihr nicht, sich auf ihre Tochter einzulassen.

Es gibt ein Bild von dem Moment nach der Hausgeburt. Das Neugeborene liegt im Ehebett zwischen den Eltern. »Ich sehe aus, als würde ich gleich noch ein Kind kriegen. Total verkrampft.« Und ihr Mann? »Schaut verträumt aus der Wäsche.«

Auch in den nächsten Tagen will sich kein liebevolles Gefühl für ihr Kind einstellen. Das Gefühl von Triumph, das sie nach der ersten Geburt gespürt hatte, bleibt aus. Ihre Brustwarzen sind wund, das Stillen klappt nicht. Das Geschrei der Kleinen empfindet sie als unerträglich. Und da ist ständig dieses ungute Gefühl. Irgendetwas stimmt nicht.

Ihre zweite Tochter ist nicht pflegeleicht. Sie schreit immerzu. Ganz anders als ihre erste Tochter – auch darum ist ihr das Baby so fremd, glaubt Sina. Die Kurse, die Sina eigentlich besuchen wollte, sagt sie ab. »Babymassage – und sie brüllt nur. Da hätten ja die anderen Mütter ihr Geld zurückgewollt.« Sie wohnen nun zu viert in einem Haus mit Garten. Es geht ihnen richtig gut, denkt Sina, und dass ihr eigener Frust unangebracht ist. Weil die Tochter so viel brüllt, gewöhnt sie sich an, ihr alles zu geben, was sie will. »Wahrscheinlich haben wir ganz viel falsch gemacht«, sagt sie im Nachhinein. In ihren Job, den sie nach der Geburt wieder aufnehmen wollte, kann sie nicht zurück. Dabei hatte sie mit der Schwangerschaft gewartet, bis die Stelle entfristet wurde – und danach sogar noch ein Jahr. Nun sagt man ihr: Es wäre schön, wenn du kündigst. Sie nimmt die Abfindung an – und ist Vollzeit für die Kinderbetreuung zuständig.

Irgendwann hört sie auf, sich um sich selbst zu kümmern, sie hat sowieso keine Zeit dafür. Sie hat keine Zeit, in Ruhe zu essen. Keine Zeit zu schlafen. Sie hat nicht einmal Zeit zu duschen. Sie wird immer unglücklicher, fragt sich, was mit ihr nicht stimmt. Und ihre Tochter sieht ihr nicht mal ähnlich. Ihre Mutter kommt von den Philippinen, Sina selbst hat dunkles Haar, dunkle Augen. »Und meine Tochter ist blond und blauäugig. Wirklich sehr süß.« Doch sich selbst entdeckt sie nirgends.

Heute arbeitet Sina wieder auf 450-Euro-Basis, etwas anderes findet sie nicht – und mehr ist zeitlich auch einfach nicht drin. Ihre kleine Tochter ist jetzt drei, und es geht ihnen sehr gut – Sina wird nicht müde, das zu betonen. Zwei Kinder, Haus, Garten. Nur mit ihrer Rolle als Mutter ist sie nach wie vor unzufrieden, unglücklich. Sie ist heilfroh, wenn sie ihre Kinder mal abgeben kann. Sie genießt die Zeit ohne sie.

Über Facebook hat sie Kontakt zu anderen Müttern, denen es ähnlich wie ihr geht, dort fühlt sie sich in der Anonymität geborgen und von den anderen Frauen verstanden. Es ist schließlich nicht selbstverständlich, jemanden zum Reden zu finden. »Wir alle haben jeden Tag ein schlechtes Gewissen. Jeden Tag schreibt eine Mutter in die Gruppe: Ich bin gerade heulend zu Hause raus. Wir wissen: Das nimmt das Kind auch mit. Und wir wissen selbst, dass das nicht gut ist.«

Eine andere Facebook-Gruppe, mit viel mehr Mitgliedern, heißt »Echte Mamas«. »Was soll das heißen?«, fragt Sina. »Dass wir keine echten Mamas sind?« Solche Gruppen machen es für sie und die anderen nur noch schlimmer – »wir wissen doch, dass es nicht richtig ist, dass wir so fühlen. Oder zumindest nicht gut.« Ihr Gewissen quält sie ohnehin täglich. Sie war gerade in einer Mutterkur, um den Umgang mit ihren Kindern zu besprechen. Sie geht regelmäßig zu einer Beratungsstelle und versucht, die Zeit aufzuarbeiten, in der es ihr richtig schlecht ging. »Es ist okay, dass ich traurig darüber bin, dass das alles nicht so gelaufen ist, wie ich es mir vorher vorgestellt hatte«, sagt sie. Mit dem Gefühl der Überforderung ist sie indes nicht allein. Und auch nicht mit den Schuldgefühlen. »Wir lieben unsere Kinder alle«, sagt sie. »Wir scheitern an uns selbst und an diesem Bild der perfekten Mutter. Und dafür hassen wir uns.«

Sie hofft darauf, dass es besser wird, wenn ihre Kinder älter werden. Und manchmal, ganz selten, wenn sie Zeit zum Nachdenken hat, denkt sie zurück an die Zeit, als sie mit Anfang dreißig zum ersten Mal in ihrem Leben ihren Raum, eine Wohnung für sich hatte. Arbeiten gehen konnte. Niemanden hatte, der abhängig von ihr war. Als sie frei war.

***

Vielleicht, denke ich nach dem Gespräch mit Sina, sollten wir mit einer anderen Prämisse an die K-Frage herangehen. Statt »Irgendwann werde ich auf jeden Fall …« sollten wir vielleicht besser sagen: »Ich werde erst mal nicht …«. Anstatt also davon auszugehen, dass es normal ist, »irgendwann« ein Kind zu bekommen, könnten wir annehmen, dass es normal ist, kinderlos zu bleiben. Und wenn wir unser Leben sortiert haben und es doch mit einem Kind probieren wollen, ist das in Ordnung. Andernfalls aber auch, weil wir dann einfach den »normalen«, also den kinderlosen Weg gehen würden, ohne weiter aufzufallen. Wir könnten zufrieden kinderfrei sein anstatt unzufrieden kinderlos.

Teil 3
Unser Erbe

Die Angst vor der Einsamkeit

Als Kind, ich war vielleicht elf oder zwölf, stand ich mal mit meiner Mutter an der Supermarktkasse vom Eurospar. Ich durfte meiner Mutter helfen, Sachen aufs Band zu legen, und ärgerte mich ein bisschen, dass sie so schnell darin war und oft die guten und interessanten Sachen wie Haribo-Gummitiere schon vor mir draufgepfeffert hatte. Ein paar Meter vor uns war ein alter Mann dran, er war sehr langsam, seine Hand zitterte, die Kassiererin zählte ihm ein paar Münzen aus der Handfläche ab. Der Mann wurde zusehends hektischer, je länger die Schlange hinter ihm wurde und je länger er trotzdem dafür brauchte, seinen Kram zusammenzupacken. Niemand half ihm, und ich glaubte, eine gewisse Unruhe bei den Leuten zu spüren, weil alles so lange dauerte. Am Ende machte sich der alte Mann auf, mitsamt seinem Einkauf und den Kleingeldmünzen, die er noch immer in der Hand festhielt.

Kaum waren wir zurück im Auto, brach ich in Tränen aus. Es sei ein echter Weltenschmerz, den ich spürte, meinte meine Mutter. Ich war so furchtbar traurig über den Mann, der alt war und allein, jedenfalls stellte ich es mir so vor. Vielleicht hatte, schluchzte ich, früher immer seine Frau die Einkäufe gemacht. Und jetzt war sie nicht mehr da. Vielleicht hatte er niemanden mehr, sagte ich, und die Tränen rannen mir nur so die Wangen herab.

Das war natürlich eine ziemlich übertriebene Reaktion auf eine Alltagssituation. Im Gegensatz zu meiner Mama kann ich sehr pathetisch sein. Ich kann mich reinsteigern in Geschichten von Einsamkeit und Herzschmerz. Aber tatsächlich beschäftigt mich dieses Thema seither: Wie leben alte Menschen? Sind sie einsam? Wie fühlt es sich an, wenn alles um einen herum ganz furchtbar schnell und hektisch vor sich geht, während man selbst immer langsamer und gemächlicher wird? Wie ist es, wenn auf einmal alle kleine Geräte benutzen, die man nicht mehr versteht? Und vor allem: Ist man einsam? Oder nur viel allein?

Ich bin generell nicht so gern allein, auch wenn ich ein paar Tage für mich sehr schätze. Aber allein verreisen, allein Dinge unternehmen, das hat mir nie gefallen. Dennoch habe ich schon viele Wochen allein verbracht, bin für die Arbeit gereist, habe allein in traurigen Hotelzimmern genächtigt und bin von Stadt zu Stadt gependelt. Es war nie so glamourös, wie es sich anhörte.

Ich habe am liebsten eine Gruppe um mich, meine Familie oder mein Basketballteam oder einfach Freundinnen und Freunde. Einsamkeit ist ein Gefühl, das ich kaum kenne – und vor dem ich riesige Angst habe. Vielleicht auch, weil es fremd für mich ist.

Wenn ich mit sechzig oder siebzig eine Familie haben will, muss ich mich jetzt dafür entscheiden. Da geht es sozusagen um meine emotionale Altersvorsorge, das ist mir schon klar. Gleichzeitig gibt es keine Garantie dafür, dass meine Kinder, wenn sie groß sind, mich noch mögen. Auch keine dafür, dass sie ihrerseits Kinder bekommen oder dass meine Beziehung nicht kaputtgeht, unter dem Druck oder dem Stress oder weil man sich einfach auseinanderlebt. Eine Gewissheit hat man nie. Genau die hätte ich aber gern.

Eine coole Oma

Man macht sich vor Interviews ja immer so seine Gedanken. Also natürlich: Was frage ich? Wie bereite ich mich vor? Welche Sachen sind wichtig? Das ist bei einem Gespräch mit Open End vielleicht leichter. Ich denke aber auch immer über andere Sachen nach: Wie erwecke ich den freundlichsten Eindruck? Welches Outfit passt zum Anlass? Schminke, ja oder nein? Solche Sachen eben. Nicht, dass ich nicht grundsätzlich ein freundlicher Mensch wäre. Aber man sollte zum Setting passen. Also, nur so als Beispiel, Turnschuhe und Boyfriend-Jeans sind beim Treffen in einer schicken Bar vielleicht nicht so angesagt. Andererseits will ich mich natürlich keinesfalls verstellen oder gar verbiegen. Jedenfalls überlege ich, ob ich, wenn ich eine Großmutter treffe, lieber nicht die besonders weit sitzende Jeans mit weitem Schlag tragen soll. Manche Omas, denke ich, reagieren vielleicht allergisch auf Hippies oder finden Schlabberjeans und Schlabberpulli nicht passend für ein Treffen. Da ich so gar nichts über Angelika weiß, außer dass sie eine Großmutter ist, die in meinem Veedel wohnt, zögere ich. Und lasse die Jeans am Ende aus Zeitmangel an.

Als ich Angelika sehe, bin ich beruhigt: Sie trägt selbst eine Schlaghose, allerdings in leuchtendem Safran-Gelb, aus Cord. Um den Hals hat sie einen runden Anhänger an einer Kette, ihr blondes Haar fällt ihr in hübschen Ponyfransen in die Stirn. Mal abgesehen davon, dass Angelika für ihre achtundsechzig

Jahre wahnsinnig jugendlich und frisch wirkt, ist eines klar: Wenn eine von uns Hippie ist, dann definitiv sie.

Eigentlich will Angelika nach dem Abitur Medizin studieren, das ist ihr Traum, im Jahr 1970. Die Eltern wollen es nicht erlauben: viel zu teuer – und wofür? »Du wirst doch sowieso heiraten«, sagen sie. Für Mädchen finden sie ein Studium nicht notwendig. Doch Angelika lässt nicht locker und setzt sich schließlich durch: Zwar macht sie dann doch nicht Medizin, aber sie zieht von Aachen nach Düsseldorf und studiert dort Soziologie und Politikwissenschaften. Es macht ihr viel Spaß.

Sie lernt einen Mann kennen, Belgier, ein Buchhalter. Ihre Eltern sind glücklich: Der hat was Anständiges gelernt! Mit nur zweiundzwanzig Jahren heiratet Angelika, mit dreiundzwanzig bekommt sie ihr erstes Kind, eine Tochter. Das Studium macht sie erst einmal nicht weiter. Sie leben jetzt in einem kleinen belgischen Ort, unweit der Grenze zu Deutschland. Zwei Jahre später bekommen sie dann noch ein Kind, einen Sohn. Angelika verbringt die ersten Jahre mit ihren Kindern als Vollzeitmutter, sie spielen, puzzeln, bauen Lego. Die Zeit mit ihren Kindern ist wertvoll, das spürt sie. Nur: Ihre Ehe ist nicht gut. Ihr Mann entpuppt sich schnell als Choleriker, der nicht nur ausrastet und herumbrüllt, sondern auch handgreiflich wird. Irgendwann merkt Angelika: Sie muss hier raus.

»Die Kinder haben in dieser Zeit viel mitgemacht und zu viel mitbekommen«, sagt Angelika im Rückblick. Der ewige Streit, die ewige Brüllerei, die Schläge. Als sie die Scheidung einreicht, wird es noch hässlicher. Doch sie strampelt sich frei, für sich und für ihre Kinder. Sie zieht mit ihnen nach Aachen und schreibt sich wieder an der Uni ein, um ihr Studium fortzusetzen. Für die Kinder beginnt nun ein vollkommen neues Leben: aus den geregelten und geordneten Familienverhältnissen einer Kleinfamilie, in der der Vater gut verdient und die Mutter immer da ist, mitten hinein in den Studenten-Vibe der Achtziger. Lern- und Arbeitsgruppen lädt Angelika oft zu sich ein, sie lernt Freunde aus der ganzen Welt kennen, sie kochen gemeinsam, lernen, trinken, rauchen. Und dazwischen die Kinder, die nachmittags aus der Schule kommen. Angelika glaubt, dass sie ihr einiges übel nehmen, das Unübersichtliche, Freie vielleicht. Andererseits aber legt sie noch immer Wert auf bestimmte Regeln: Jeden Nachmittag um halb vier, wenn der Schulbus ankommt – die Kinder gehen auf die Ganztagsschule in Belgien –, wartet Angelika mit der Kaffeetafel auf sie. Eine gemeinsame Mahlzeit am Tag ist ihr wichtig, das zieht sie durch. Ansonsten jobbt sie viel, bei McDonald's, bei der Tankstelle, und nachts lernt sie.

Obwohl ihr Leben chaotischer ist als je zuvor, obwohl sie alleinerziehende Mutter ist, die ihren Ex-Mann auf Unterhalt verklagen muss, obwohl sie die Nächte durchlernt und das Geld eigentlich immer knapp ist, ist Angelika in dieser Zeit wieder glücklich. Sie hat lange zu knabbern an der Ehe, die brutal war, die sie mitgenommen hat und die sie vielleicht zu spät beendet hat. Doch sie hat ihre Freiheit wieder, auch wenn eine Scheidung Anfang der Achtzigerjahre mehr als ein unschöner Makel ist. An der Uni spielt es immerhin keine Rolle. Angelika ändert ihren Stil. Ihre Mutter jammert: »Früher hattest du immer so hübsche Röcke und Blusen an.« Jetzt trägt Angelika Jeans. Und Buttons mit der Aufschrift »Atomkraft? Nein danke!«. Sie wird bald politisch aktiver, 1987 gehen sie gegen die Volkszählung auf die Straße. Dann bekommt sie eine Stelle als Referentin bei den Grünen in Aachen. Sie teilt sie sich mit einem Kollegen, der auch Kinder hat. Nach dem erfolgreichen Wahlkampf 1990 geht Angelika als Referentin mit in den Landtag.

Also wieder Düsseldorf. Sie lernt einen Mann kennen, verliebt sich, die beiden ziehen zusammen, heiraten. Den neuen Stiefvater nehmen die Kinder schnell an, sie mögen ihn. Beide machen schließlich Abitur, ihr Sohn das deutsche, die Tochter wird an einer Schule für Diplomatenkinder aufgenommen und absolviert das französische Abitur. Angelika ist stolz wie Oskar. Ihre Tochter, erzählt sie, sei ein echtes Sprachgenie. Vier Sprachen spreche sie fließend.

Angelika hört nach vier Jahren bei den Grünen auf. Sie orientiert sich um und fängt bei einer großen Beraterfirma an. »Von der Revoluzzerin zur Kapitalistin.« Es gefällt ihr gut, sie verdient vor allem gut. Ihre zweite Ehe geht in die Brüche. Angelika zieht nach Köln, wo ihre Tochter eine Lehre macht und ihr Sohn studiert. Die Firma ist hier sowieso vor der Haustür, mitten in Köln. Ihre Tochter geht erst nach Andalusien, dann in die Schweiz, bekommt eine Tochter, Angelikas erstes Enkelkind. Ihr Sohn in Köln bekommt ebenfalls eine Tochter, die jede zweite Woche bei ihm lebt, mit der Mutter ist er nicht mehr zusammen.

2019 ist ein schicksalsträchtiges Jahr für Angelika. Sie wird schwer krank, liegt lange im Krankenhaus, und man weiß nicht, ob sie es schafft. Dann das nächste Unglück: Die Frau ihres Sohnes bekommt in der 24. Schwangerschaftswoche Wehen. Sie bringt Angelikas dritte Enkeltochter zur Welt: Mit 740 Gramm lebt die Kleine, doch ihr Zustand ist kritisch. Angelika und ihre Schwiegertochter liegen in zwei benachbarten Kliniken, es ist eine heftige Zeit. Angelika sieht, wie ihr Sohn »zum Gespenst« wird. Er hetzt hin und her, zwischen Klinik und Klinik, voller Sorge um seine Mutter, voller Angst um sein Kind. Sie erkennt ihn kaum wieder. »Doch die Zeit hat uns auch unheimlich zusammengeschweißt.« Monate später darf Angelika nach Hause und ihre Enkelin auch. Ihre dritte Enkeltochter ist nun so groß wie ein normaler Säugling. Und vor allem: gesund. Ein Wunder.

Wenn Angelika heute zurückblickt, auf ihr Leben, dann denkt sie, eigentlich müsste sie darüber mal ein Buch schreiben. Sie hat ja wirklich viel erlebt. Nur in welcher Form, das ist ihr noch nicht klar. Mir erzählt sie heute nur die Kurzfassung, denn eigentlich treffe ich sie ja wegen der Großmutter-Sache – und wegen der Kinder-Sache sowieso.

Wir spazieren zwei Stunden durch den Herbst-Park. Angelika läuft mit einer Krücke, ist aber erstaunlich fit, obwohl ihre Wirbelsäule im letzten Jahr was abgekriegt hat und die Füße jetzt quasi gelähmt sind. »Meine Kinder sind für mich eine enorme Bereicherung«, sagt Angelika. Vor allem als es ihr so richtig schlecht ging, da war es das Wichtigste für sie, dass ihr Sohn und ihre Tochter für sie da waren. »Der Zusammenhalt.« Und dass es ihrer kleinen Enkelin bald besser ging, auch das hat sie sehr beflügelt.

Als ich sie aber frage, ob sie mir zu Kindern raten würde, da macht sie eine Pause. Eine sehr lange Pause. Angelika überlegt, welche Worte die richtigen sind, fängt bedächtig an zu reden. »Wenn ich heute beobachte, wie junge Frauen sich aufreiben. Sie wollen Kinder und Karriere. Und beides ist eben immer noch schwierig.« Wozu Kinder haben, fragt sie, wenn man sie nicht sieht. Und keine Zeit mit ihnen verbringt. Die Zeit, die sie damals mit ihren Kindern verbrachte, als sie klein waren – Angelika möchte sie um keinen Preis missen. »Vielleicht bin ich da auch einfach noch aus einer anderen Generation«, sagt Angelika. Dass sie es selbst so gehalten hat, dass sie nicht gearbeitet hat und in dieser Zeit nicht für die Rente sparte – sie hat es nie bereut. Nur die erste Ehe, die hat sie bereut. Die Kinder waren das, was gut daran war. »Ich glaube, die haben mir auf eine Art auch Halt gegeben. Ich habe mich zum Beispiel nie im Alkohol verloren.« Sie musste immer funktionieren für die beiden. Sie konnte gar nicht abrutschen, trotz der miesen Ehe.

Es ist nicht so, dass Angelika kein Verständnis hat für die Frauen, die schnell wieder arbeiten gehen, im Gegenteil: Sie ist pro Quote, wünscht sich eine Schließung der Lohnlücke und überhaupt, dass Frauen auf allen wichtigen Posten und auf allen Führungsebenen vertreten sind. Sie wünscht sich die endgültige Gleichstellung. Andererseits findet Angelika es einfach wichtig, dass Eltern mit ihren Kindern viel Zeit verbringen. Erst recht, wenn die Kinder noch klein sind. Wozu denn sonst Kinder?

Was aber, wenn beide auf 70 Prozent reduzieren, Mutter und Vater, frage ich sie. »Ja, dann fangen die aber an zu rechnen. Und die Männer verdienen eben oft mehr.« Sie glaubt darum, dass mit einer verbesserten Gleichstellung schon vieles gelöst wäre. »Wenn es finanziell egal ist, können beide zu Hause bleiben.« Die politisch Aktive, die für das Gute kämpft – sie steckt immer noch drin in Oma Angelika. Obwohl ihre drei Enkelinnen ihr großes Glück sind – Angelika denkt auch in diesem Gespräch weiter, denkt in politischen Kategorien, denkt daran, was man alles verbessern könnte.

Durch ihre Enkelkinder hat Angelika auch einen Zugang zu einer anderen Generation gefunden, der ihr sonst womöglich verwehrt geblieben wäre. Als alteingesessene Grüne findet sie Fridays for Future natürlich klasse, ihre Enkelin ist auch schon mitgelaufen. »Meine Enkeltochter sagt auch zu ihren Freundinnen: Ich hab' eine coole Oma«, sagt Angelika sichtlich stolz. Trotzdem, wenn sie sich die FFF-Bewegung anschaut, empfindet sie nicht nur Bewunderung für den langen Atem der Jungen, sondern auch Scham. »Wir haben früher dasselbe gepredigt. Aber wir haben es nicht gelebt.« Wenn sie heute an die Rot-Grüne-Koalition unter Kanzler Schröder denkt, wird ihr immer noch ganz anders. »Wir mussten auch im Landtag viel zurückstecken, haben vieles nicht durchgekriegt«, denn auch in Nordrhein-Westfalen waren die Grünen zeitweilig in einer Koalition mit der SPD. Und unter Schröder dann: der Kosovokrieg, die Waffenexporte, Hartz IV.

Mit ihrer dreizehn Jahre alten Enkelin geht Angelika mindestens einmal im Monat ins Café, jedenfalls vor der Pandemie. Sie gehen auch zusammen Sushi essen, ihre Enkelin liebt Sushi. Und an dem kleinen Baby hat sie ganz besonders viel Freude. Sie zeigt mir ein Bild, auf dem die Kleine versucht, auf einem Bein zu stehen – klappt noch nicht. »Weil das bei mir ja gerade auch noch nicht geht«, erklärt Angelika und deutet auf ihre Füße. Mit dem Baby allein sein kann sie noch nicht, sie fühlt sich zu unsicher auf den Beinen, auf den Füßen. Doch sooft sie kann, besucht sie die kleine Familie.

Angelika ist achtundsechzig Jahre alt, da ist das Leben noch lange nicht ausgelebt. Ihre Krankheit hat zwar alles verzögert, sie arbeitet daran, dass es mit ihren Füßen besser wird, damit sie zumindest wieder Fahrrad fahren kann – »das ist mein Ziel«. Aber sie hat sich schon vor Monaten bei Granny Aupair registriert. Sie liebt das Reisen und will immer noch mehr kennenlernen, interkontinental reisen will sie besonders gern. Auch da ist sie vielleicht keine Mustergrüne. Im Fernsehen hat sie eine Großmutter gesehen, die über das Au-pair-Programm schon fünf Kontinente besucht hat. Das will sie auch. Andere Familien kennenlernen, aber eben auch andere Kulturen. Andere Sitten, Länder, Wetter, Winde.

Das bewegte Leben von Angelika – es ist noch lange nicht vorbei, zum Glück. Denn sie hat viel zu erzählen, ist offen und neugierig. Und eine coole Oma ist sie auch noch.

Devi – ein spirituelles Leben ohne Kinder

Devi* hat mal anders geheißen, in einem anderen Leben. Heute nennt sie niemand mehr bei ihrem alten Namen. Immerhin hat Osho ihr ihren neuen Namen gegeben.

Sie ist aufgewachsen in einer Großfamilie, irgendwo in der deutschen Provinz: drei Geschwister, viele Cousins und Cousinen, Großeltern, Hund – immer viel los. Gleichzeitig alle erzkatholisch. »Es war streng und sehr eng«, so erinnert sie sich daran. Schon früh beginnt sie sich für Spiritualität zu interessieren. Schon als Kind sieht sie ganz deutlich eine silberne Schnur, die sie mit etwas anderem, etwas Außerweltlichem verbindet.

Sie fragt sich, was mit ihr passieren wird, nach dem Tod. Devi kann sich nicht vorstellen, dass sie einfach so gehen würde, nicht mehr da wäre. Sie glaubt nicht nur an Wiedergeburt, sie weiß einfach, dass es sie schon länger gibt. Sie findet verschiedene Bücher und Schriften. Wenn sie in der Schule nur davon berichtet, was sie gelesen hat, wird sie schon gerügt. Von ihren außerweltlichen Erfahrungen ganz zu schweigen.

Mit dem Religionsunterricht kann sie nicht viel anfangen. Als sie sechzehn ist, sagt sie, sie wolle lieber Ethikunterricht bekommen. Sie wird aus dem Unterricht ausgeschlossen, der Re-

* Devi hat eigentlich einen anderen Namen von Osho bekommen. Diesen Namen hat sie sich selbst ausgesucht, weil er den Sannyasins entspricht, sie aber anonym bleiben wollte.

ligionslehrer lässt sie nachsitzen. Ethikunterricht gibt es nicht. »So war das damals.« Ihre Geschwister und ihre Eltern nehmen Devis Interessen, ihre spirituellen Erlebnisse erst nicht ernst, ziehen sie auf, finden sie verrückt. Je älter Devi wird, desto härter wird der Kampf, desto ernster der Streit mit ihren Eltern. Die Mutter ist Ärztin, der Vater Präsident einer staatlichen Einrichtung, Beamter auf höchster Stufe. Beide streng und arbeitsam. Ihre Mutter ist mit vier Kindern weiter berufstätig, blickt immer nur nach vorn, nicht zurück – bloß nicht daran denken, wie sie als schlesische Vertriebene dabei half, die ganze Familie durch die Flucht zu bringen, bis nach Deutschland, mit sieben Geschwistern. Vor der Flucht hatten sie in einem großen Haus gelebt, mit Bediensteten, nach der Flucht hatten sie alles verloren. Obwohl Devis Mutter die Familie unterstützen musste, studierte sie Medizin.

Schon früh erklärt Devi ihren Eltern, dass sie keine Kinder bekommen werde. Ihre Mutter reagiert frustriert: Was hatten sie bloß falsch gemacht? Sie streiten viel, doch Devi hält daran fest. Sie sagt: Ich hatte schon viele Kinder, in meinen früheren Leben. Ihre Familie findet das verrückt, aber Devi ist sich sicher, dass sie genau das spüren kann. *Ein* Leben, sagt sie, wolle sie mal ohne Kinder leben. »Wenn man daran nicht glaubt, kann man sagen, das ist Einbildung. Und das ist mir auch egal.« Für Devi ist Wiedergeburt eine Tatsache. Für manche Verwandte ist das abgedreht.

Als Devi älter wird, merkt sie vor allem: Für ein Kind fühlt sie sich nicht bereit. Mit zwanzig hat sie einen Freund, der unbedingt Kinder mit ihr will. Sie sagt ihm: Such dir ’ne andere Frau! Sie schließt da aber noch nicht aus, dass sie ihre Meinung irgendwann ändert. »Aber nicht sofort.« Devi schließt sich den Sannyasins an, einer Sekte, die dem indischen Guru Bhagwan, später Osho, folgt. Sie beginnt ein Philosophie-Studium, in der Stadt, in der auch ihre Eltern leben. In der Uni lesen sie Bhagwan, der in den Siebziger- und Achtzigerjahren international berühmt wird und viele Anhänger, darunter auch Prominente, um sich schart. Devi ist an ihrem Philosophischen Seminar auch nicht die einzige Bhagwan-Jüngerin. »Wir waren einige Sannyasins.« Sie nehmen das »Urhandeln« durch. Devi will nach dieser Lehre leben, die besagt: Lebe dein Leben authentisch. So jedenfalls begreift Devi es. Kurz vor ihrem Abschluss wird ihr klar, dass sie so nicht lebt. Sie geht zu ihrem Professor und sagt ihm: Ich werde Tänzerin! Weil es das ist, was ich eigentlich immer wollte. Ihr Professor gratuliert ihr zu dieser Entscheidung. Sie habe, sagt er, Bhagwan nun endlich verstanden. »Leben Sie!«

Devi will nicht nur Tänzerin werden, sie kann es auch! Sie wird an einer Tanzakademie in London angenommen, hält sich mit diversen Jobs über Wasser. Obwohl sie nun nur noch mit Künstlern zusammen ist, sie viel über Politik, aber wenig über Philosophie, Bhagwan oder Meditation sprechen, vergisst Devi nie, warum sie das alles macht. Sie fliegt nach Oregon, zu einer Versammlung. Bhagwan gibt ihr ihren neuen Namen, Devi. Den alten legt sie ab. Sie hat ihn seither nie wieder benutzt. Weil das Leben in London so teuer ist und Devi keine finanzielle Unterstützung von ihren Eltern bekommt, die Devis Weg nicht gutheißen und ihn für »Flausen« halten, zieht sie erst nach Amsterdam und dann nach Zürich, wo sie schließlich ihren Abschluss macht. Sie ist nun Tänzerin. Aber: Etwas stimmt noch immer nicht. Sie lebt noch immer nicht die Philosophie, an der sie sich orientiert. Ihr Leben als Tänzerin, es ist nach außen gerichtet – doch wo ist das Innere? Sie schaut sich um. In einer deutschen Akademie kann man Tanztherapie lernen, eine bewegungsbasierte Form der Psychotherapie.

Devi macht die zweite Ausbildung, ist am Ende Tanztherapeutin. Doch ihr fehlt etwas: Sie will Bhagwan näher sein. Sie muss nach Indien, schon lange. Über sechs Jahre hinweg reist Devi von nun an immer wieder für mehrere Monate am Stück nach Poona, Indien. Einmal bleibt sie dreizehn Monate da, dort lässt es sich günstig leben. Von dem Geld, das sie in den restlichen Monaten in Deutschland verdient und spart, mietet sie sich ein Zimmer und besucht jeden Tag den Ashram. Den Ashram, sagt Devi, muss man sich vorstellen »wie eine Wellness-Oase«. Die Anhänger Oshos meditieren dort, machen Yoga, können sich aber gegen Geld auch massieren lassen. Ein Tag im Ashram kostet Eintritt, ebenso wie Essen und Wellness-Behandlungen Geld kosten. Es gibt Kurse und Weiterbildungen, Devi leitet irgendwann auch selbst Ausbildungsseminare.

Die Meditationen im Ashram sind sehr unterschiedlich und einer der Gründe, warum westliche Europäer und Amerikaner die Bhagwan-Sekte fürchten: Von außen wirkt es nämlich so, als würden die Sannyasins ausrasten. Sie schreien, brabbeln, hüpfen, bewegen sich unkoordiniert, sind teilweise nackt in den Gruppenmeditationen. Sie toben mit Kissen herum, und es heißt, Sexorgien seien an der Tagesordnung. Tatsächlich geht es auch um eine Freiheit von Körper und Geist, von Sexualität. »Es gibt keine Regeln, keine Vorschriften«, sagt Devi. Erst auf das Auspowern folgt im Ashram die Stille. Die Meditation für sich. Ruhe. Frieden.

»Meine Eltern dachten, sie haben mich an die Sekte verloren«, sagt Devi. Als Allererstes versucht ihr Vater, sie zu enterben. Nichts soll an die Sekte gehen! Über drei Jahre hinweg haben sie gar keinen Kontakt zueinander. Später stabilisiert sich ihr Verhältnis wieder, vor allem zu ihrer Mutter. In den Siebzigern halten die Leute die meditierende Devi für verrückt. Auch Yoga ist etwas für Spinner. Sie lässt sich nicht beirren.

Devi lebt und meditiert die meiste Zeit des Jahres in Indien. Die Welt in Poona ist eine andere. »Entweder man mag Indien, oder man findet es ganz schrecklich.« Nichts funktioniert, nichts ist verlässlich. Devi mit ihren dunklen Haaren und ihren braunen Augen fällt nicht weiter auf in den Straßen Poonas, die entspannte Art, das Leben anzunehmen, sagt ihr, die sie aus überaus geordneten Verhältnissen kommt, zu. Und zwar sehr. Sie macht den internationalen Führerschein, kauft sich einen Motorroller und saust damit durch den chaotischen Verkehr der Millionenstadt. Schwimmt mit dem Strom.

Dann verliebt Devi sich in einen persischen Studenten. Viele wohlhabende Söhne aus der arabischen und persischen Welt kommen zu dieser Zeit nach Poona, die Uni gilt als Eliteuni der östlichen Welt, besonders für Naturwissenschaftler. Devi wird schwanger. Ungeplant. Aber sie ist unsicher, aus welchen Motiven ihr Mann mit ihr zusammen ist. Sie glaubt, er will ein deutsches Visum. Und sagt, dass sie ihn nicht heiraten will. »Da war er dann in seiner Ehre gekränkt.« Devi hat das Gefühl, dass nichts so richtig an der Schwangerschaft passt. »Die falsche Zeit, der falsche Ort, der falsche Mann. Meiner Ansicht nach war alles verkehrt.«

Devi will das Kind nicht bekommen. Sie hätte immer das Gefühl, das Kind zu betrügen, meint sie – weil sie sich viel lieber um sich selbst kümmern will. Ein Kind würde ihre volle Aufmerksamkeit brauchen. »Wenn ich aber nicht weiß, wer ich bin, was ich machen will, worum es bei mir geht – wenn ich so neben mir stehe – das wäre unfair gegenüber einem Kind.« Sie geht zu einem indischen Arzt, der sehr verständnisvoll reagiert, sie verstehen kann, ihre Entscheidung sofort unterstützt. Devi treibt ab.

Einige Jahre nach der Abtreibung verliebt Devi sich wieder, diesmal in einen Australier. Sie wollen zusammen sein, und so geht Devi mit ihm nach Australien. Doch sie bekommt keine permanente Aufenthaltsgenehmigung. Und ihr Freund in Deutschland auch nicht. Solange es geht, ziehen sie hin und her zwischen Deutschland und Australien. Doch mit dem Visum will es nicht klappen. Sie trennen sich. Devi lebt heute in einer deutschen Großstadt, in der es ein großes Osho-Zentrum gibt, wo sie meditieren kann. Nach wie vor arbeitet sie als heilpraktische Psychotherapeutin, hilft bei der Stressregulierung und bei der Traumabewältigung.

Am Ende verliebt sie sich dann noch einmal, so richtig, in ihren jetzigen Mann. Er ist kein Sannyasin, aber das stört sie nicht. Devi ist fünfundvierzig Jahre alt, und sie ist sich sofort sicher. »Wenn ich mit dir schwanger werde«, sagt sie zu ihrem Mann, »dann bekomme ich das Kind sofort.« Sie verhütet nie mit ihrem Mann. Doch Devi wird nicht mehr schwanger. Ihr Mann aber hat schon eine Tochter, und Devi ist heute, mit sechzig Jahren, stolze Stiefmutter und Oma. Ein eigenes Kind hat sie nie bekommen.

Wenn Devi heute an ihre einstige Entscheidung gegen ihr Kind zurückdenkt, glaubt sie immer noch, dass sie richtig war. Ihr Lebenslauf war wild, die Stationen bunt durcheinandergewürfelt. »Ich hätte das Kind immer mitnehmen müssen. Ich wäre nicht kompromissfähig gewesen.« Den Gedanken an ihr Kind trägt sie trotzdem immer mit sich herum, »natürlich«. Manchmal denkt sie: So alt wäre es jetzt. Sie weiß genau, wann es gezeugt wurde und wann es ungefähr geboren worden wäre. Sie hat, sagt sie, sich sehr bewusst alles eingeprägt, die Erinnerung eingefroren. In der Therapie erzählt sie Frauen, die mit einer Abtreibung hadern oder ein Trauma davon haben, von ihrer eigenen Erfahrung. Mit anderen redet sie nicht darüber. Ihre Eltern, ihre Geschwister haben nie davon erfahren. »Ich weiß nicht, ob meine Mutter dann noch mit mir geredet hätte.« Sie spricht auch sonst nicht viel darüber. »Wenn du ein Kind kriegst, hast du es ein Leben lang. Aber wenn du abtreibst, hast du es auch dein Leben lang. Das vergisst man nicht.«

Wenn Devi von ihrer Mutter erzählt, dann mit großer Bewunderung. Für deren so volles Leben: vier Kinder, Ärztin, Wissenschaftlerin, mit sechsundfünfzig machte ihre Mutter noch den Facharzt. Devis Mutter war selbst katholisch und spirituell – und bewunderte wiederum Devi für deren Spiritualität. »Sie hatte zwar Angst, mich zu verlieren, aber sie fand es irgendwie auch ganz toll.« Devis Wunsch war es immer, die Verbindung zu ihren Eltern über deren Tod hinaus zu halten. Mit ihrer Mutter hat es geklappt, Devi hat sie kurz nach ihrem Tod ganz fest gespürt.

»Meine Mutter war auf vielen katholischen Retreats, ich glaube, sie hat auch meditiert.« Ihr Vater wiederum wirkte auf Devi verloren und verwirrt nach seinem Tod. Sie sagt, sie habe Rituale gemacht, um ihm zu helfen. Auch sie halten Kontakt.

Devis letzter Wunsch wird es sein, irgendwann bewusst aus dem Leben zu treten. Bei sich zu sein, zu spüren, wie sie weitergeht. Sie glaubt an einen Übergang. Auch dafür meditiert sie. Bei einem Wohnungsbrand vor einigen Jahren merkte sie, dass sie im Angesicht des Todes alles andere als gelassen reagierte, nur deswegen überlebte sie wohl auch. Sie wollte noch nicht sterben. Und hatte heftige Todesangst. Doch wenn es wirklich mal Zeit ist für Devi zu sterben, will sie es anders machen. Ihr Licht soll weiterleuchten. Wenn sie zurückblickt, ist sie nicht traurig, dass sie keine Kinder mehr bekommen hat. An ihr eines Kind, das sie nie bekommen hat, denkt sie trotzdem oft. Und Kinder kann sie dann ja sowieso noch mal bekommen. Im nächsten Leben.

Es kommt nie so, wie man es plant

Claudia ist noch verheiratet, als sie die Liebe ihres Lebens trifft. Sie ist siebenundzwanzig Jahre alt, sie und ihr erster Mann haben schnell gemerkt, dass es eigentlich nicht passt zwischen ihnen. Kinder waren da nie ein Thema. Getrennt sind sie schon länger. Ihr neuer Mann hat eine Tochter und zahlt noch Unterhalt. Für Claudia und ihn heißt das: Erst mal kein Kind. »Das war aber in Ordnung.«

Claudia ist Einzelkind, hat zu ihren Eltern keine besonders gute Beziehung, sie wächst behütet auf in Bonn, doch ihre Eltern sehen vieles sehr eng. Ihr Vater geht sonntags durchs Wohnzimmer und dreht alle Schlüssel so, dass sie in dieselbe Richtung deuten. »So waren meine Eltern.« Claudia macht nach der Schule eine Ausbildung zur Fremdsprachenkorrespondentin, lernt ihren ersten Mann kennen, heiratet, arbeitet. Später wird sie Personalerin bei einem großen Unternehmen.

Als ihr zweiter Mann keinen Unterhalt mehr zahlen muss, ist Claudia fünfunddreißig. Sie fangen an zu überlegen: Sollen sie es doch noch mal versuchen? Wenn Kinder, dann mit ihm! Doch sie wollen erst die neue finanzielle Freiheit auskosten, wollen sich noch zwei schöne Jahre machen. Sie reisen viel, lassen es sich gut gehen, »lassen es krachen«. Als Claudia siebenunddreißig Jahre alt ist, sich gut und gesund fühlt, erfährt sie nach einer Routineuntersuchung, dass sie Krebs hat. Gebärmutterhalskrebs. Sie steht unter Schock, hat kaum Zeit, über alles nachzudenken. In der Uniklinik legt man ihr nahe: Sie müssen schnell reagieren, handeln. Claudia hat Angst. Lässt alles mit sich machen.

Als Erstes wird ihr die Gebärmutter entfernt, die Eierstöcke bleiben – damit mit Mitte dreißig nicht ihr ganzer Hormonhaushalt durcheinandergerät. Der Befund anderthalb Jahre später ist nicht gut, also lässt Claudia sich dann noch die Eierstöcke entfernen. Danach ist sie krebsfrei. Zum Gynäkologen, der sie operiert hatte, geht sie heute noch. »Das Thema Kinder war gegessen«, sagt Claudia. »Aber ich habe nie darunter gelitten.« Sie ist einfach froh, gesund zu sein. »Es gibt ja diese Vorstellung, dass Frauen auch Mütter sein müssen. Ich habe das nie so empfunden. Und mein Mann auch nicht.« Claudia wollte es auf anderem Wege nicht versuchen. Hätte sie keinen Krebs gehabt, eine Kinderwunschbehandlung wäre für sie nicht infrage gekommen.

Eine »Begleiterscheinung«, sagt Claudia, sei es gewesen, dass sie sich bis zum Tod ihrer Eltern und Schwiegereltern viel um alle vier gekümmert habe. Sie hätten keine Kinder, da habe Claudia doch Zeit, hieß es immer. Claudia und ihr Mann sind Einzelkinder, die jeweiligen Eltern haben auch keine Geschwister. Das Verhältnis zwischen Claudia und ihren Eltern war nie besonders gut, ziemlich distanziert. Trotzdem: Sie hilft, wo sie kann, macht Erledigungen und Besorgungen, organisiert die Pflege, steht den Eltern zur Seite – sich um die Familie zu kümmern, das ist ihr Job, auch wenn sie selbst keine Kinder großgezogen hat. »Sie haben mich mit Haut und Haaren genommen. Es war selbstverständlich, dass ich für alle ständig da war.«

»Wenn ich mal alt bin, ich hab' keinen«, sagt Claudia. »Ich kaufe mir diese Leistungen dann ein.« Während sie viele Jahre ein gutes Leben hatte, ein krebsfreies, gesundes Leben, eine tolle Ehe mit ihrer großen Liebe, merkt sie heute, dass etwas fehlt. Es ist in Ordnung, sie ist nicht unglücklich. Doch eine Lücke ist da. Außer ihrem Mann und ihr ist da niemand mehr, zur Tochter ihres Mannes haben sie keinen Kontakt, sie sind die einzige Familie. »Da ist niemand, dem ich etwas weitergeben könnte. Das meine ich nicht materiell, sondern bezogen auf Lebenserfahrung, schöne Dinge. Mir fehlt das Miteinander.« Sie und ihr Mann haben sich in den letzten Jahren einen Lebenstraum erfüllt: ein Haus in Südfrankreich, über Jahre haben sie es gebaut. Dort verbringen sie viele Wochen im Jahr. Hätte sie Kinder, glaubt Claudia, könnte sie die Freude am Frankreichhaus mit ihnen teilen. »Wir könnten einfach sagen: Unser Haus ist offen. Ihr könnt kommen.«

Claudia merkt nach wie vor: Sie liebt Kinder, geht gern auf sie zu. Die letzten fünfzehn Jahre, bevor sie aufhörte zu arbeiten, hatte sie eine Stelle im Krankenhaus als Personalerin in der Kinderonkologie. »Das war die schönste Zeit in meinem Berufsleben.« Auf beruflichen Erfolg oder Aufstieg hat sie nie Wert gelegt. Sie ist immer gern zur Arbeit gegangen, musste sich aber auch nicht kaputtarbeiten. Mit fünfzig hat sie ganz aufgehört zu arbeiten, nachdem sie vorher schon eine Weile in Teilzeit war. Finanziell ist sie nicht unabhängig von ihrem Mann, aber das stresst sie gar nicht. »Unsere Beziehung ist einfach so stimmig«, sagt sie.

Claudia und ihr Mann haben viele Freunde. Sie verabredet sich viel, geht Kaffee trinken, Wein trinken, ins Restaurant. Zurzeit sitzt sie nur mit fremden Frauen wie mir auf Abstand im Park, aber sonst ist sie sehr zufrieden. »Ich bin mit meinem Leben komplett zufrieden«, sagt sie. Sie liest gern Krimis, kennt viele Leute, die auch keine Kinder haben. Das ergibt sich so, glaubt sie. »Da ist überhaupt keine Bitterkeit. Mein Leben ist halt so verlaufen.« Die Gedanken an Kinder, an ein »Was wäre wenn …« – das sind Momentaufnahmen. Die meiste Zeit über ist sie glücklich. »Wenn du ungewollt kinderlos bist, hast du nur zwei Möglichkeiten: Du kannst daran kaputtgehen – oder dir andere Wege suchen, glücklich zu sein.«

In einem herkömmlichen Altenheim, sagt Claudia, möchte sie nicht landen. Finanziell sind sie aber gut gestellt, sie können es sich schön machen, meint sie. Angst vor Einsamkeit hat sie nicht, man kann auch allein sein und sich nicht einsam fühlen. Sie sind schon so lange zu zweit. Und sie sind sehr eng. Claudia glaubt, dass ihre Beziehung auch deshalb so liebevoll ist, weil sie eben immer zu zweit gewesen sind. Es gab keine Ablenkung von der Partnerschaft.

Wenn Claudia stirbt, ist der allerletzte Spross ihrer Familie fort, für immer. Der Gedanke, dass ihre Familie mit ihr ausstirbt, ist ihr »vollkommen wurscht«. Auch ihre Eltern hätten nie das Bedürfnis angemeldet, dass es weitergehen sollte mit ihrer Familie, mit ihrer DNA. Bei ihren Eltern zu Hause, mit den Wohnzimmerschlüsseln, die alle in eine Richtung zeigen mussten, konnte sich Claudia aber auch wirklich keine tobenden Kinder vorstellen. Manchmal reden Claudia und ihr Mann ganz offen über die letzten Dinge: Seine Asche, sagt er, könne sie über den berühmten Lavendelfeldern in Frankreich verteilen, da, wo sie immer gern gewesen sind, da, wo es immer lila leuchtet. Claudia ist es ganz egal, wie sie beerdigt wird, was mit ihr passiert, wenn sie geht, sagt sie. Sie glaubt an kein Leben danach. Wenn sie weg ist, ist sie weg. Und eben auch ihre Familie.

Meine Therapiestunde

Als Gabriele* mich anruft, ist es Sonntagmittag, zwölf Uhr. »Stör ich beim Mittagessen?«, fragt sie. Ich sage ihr lieber nicht, dass ich noch nicht mal gefrühstückt habe. Auf meinem Schreibtisch steht nur die Kaffeetasse, ein kleiner Rest trocknet langsam ein. Ansonsten ist Gabriele aber wirklich keine typische Oma, sie ist ja auch gerade mal sechsundsechzig Jahre alt. Wir verabreden uns für den nächsten Tag. »Ich habe morgen eigentlich noch gar nichts vor«, sagt sie. Das ist neu für sie, sie ist nämlich erst seit diesem Frühjahr im Ruhestand. In den ersten Monaten bedeutet das auch: viel Zeit, und das im Corona-Jahr. Wir leben beide im selben Stadtteil und treffen uns auf einem typischen Sülzer Spielplatz. Gabriele entdeckt sofort zwei Väter. Auch wenn der überwiegende Teil der Eltern hier nach wie vor Mütter sind. Gabriele findet, es hat sich viel getan – was Vereinbarkeit von Beruf und Familie angeht, was Betreuungsmöglichkeiten angeht, was das Aufteilen von Sorgearbeiten bei heterosexuellen Paaren angeht. Ihre Generation hat sich dafür auch ziemlich abgerackert, sagt sie. »Wir haben so viel gearbeitet. Wir wollten alles haben.« Familie und berufliche Erfüllung. Von ihrer Mutter musste sie sich dafür Sprüche anhören. Sprüche, die Gabriele auf die Palme gebracht haben. Ihre Mutter wollte am

---

* Gabriele heißt eigentlich anders. Alle anderen biografischen Angaben in diesem Kapitel sind unverändert geblieben.

liebsten, dass ihre Tochter zu Hause bei den Kindern bleibt. Jeder projiziert das eigene Leben auf das der nächsten Generation. Und darum treffe ich mich auch mit Gabriele an diesem Montagmorgen in Sülz, auf einem Spielplatz, der gewöhnlich ist und gleichzeitig die Blase, in der wir beide leben, ganz gut wiedergibt.

Gabriele ist dreiundzwanzig, als sie das erste Mal schwanger wird – natürlich ungeplant. Die Pille bekommt man 1978 nur bei pro familia – oder wenn man verheiratet ist. So erzählt es mir Gabriele. Schon in den späten Sechzigerjahren aber gab es Kampagnen, die Ärzte aufforderten, die Pille auch an ledige Frauen zu verschreiben, und auch immer wieder Ärzte, die dies taten. Zum Zeitpunkt ihrer Schwangerschaft ist Gabriele mit ihrem Medizinstudium schon fast fertig, ihr fehlen nur Teile des Praktischen Jahrs. Dass sie schwanger ist, ist für sie kein Drama. Sie hat schon jetzt einen starken Kinderwunsch. Gabriele und ihr Freund ziehen zusammen, mit vierundzwanzig bekommt sie eine Tochter. Danach ist vieles erst mal improvisiert. Im Nachhinein sagt Gabriele: »Ich war naiv.« Trotzdem: Es ist auch ziemlich schön mit dem kleinen Wurm. Am Anfang leben sie noch in einer Wohngemeinschaft. Um sie herum sind alle sehr grün, alle versuchen, »pc« zu sein, *political correct*, auch wenn es den Begriff zu dieser Zeit vielleicht noch nicht gibt. Das heißt: Dass beide Eltern sich die Baby-Arbeit fifty-fifty teilen, findet Gabriele normal. In ihrer WG und in ihrem Freundeskreis macht man das einfach so. Ihr Freund, auch er Mediziner, übernimmt viel. Als ihr Baby elf Wochen alt ist, fängt Gabriele wieder mit dem Praktischen Jahr an. Am Wochenende stillt sie voll, unter der Woche bekommt ihr Baby auch mal die Flasche.

Im Grunde sind Gabriele und ihr Freund beide nicht zufrieden mit der Aufteilung. Ihr Freund übernimmt ziemlich viel, weil sie arbeitet, und ist damit »todunglücklich«. Und auch Gabriele ist nicht sehr glücklich. Zu ihrem eigenen Erstaunen hat sie gar keine Lust mehr, abends ins Kino zu gehen, Dinge zu unternehmen, sondern bleibt am liebsten zu Hause bei ihrem Baby und »brütet«, wie sie es nennt. Sie ist sehr gerne Mama. Der Unmut des Paars über die Aufteilung der Sorgearbeit wirkt sich auch auf die Stimmung in ihrer Beziehung aus. »Wir haben unterschätzt, dass wir beide sehr durch unsere Erziehung geprägt waren.« Gabriele als Mutter, ihr Freund als jemand, der auf Karriere programmiert ist. Eigentlich läuft es schon nicht mehr so gut zwischen ihnen. Sie bekommen trotzdem noch ein Kind, einen Jungen. Gabriele findet das nur fair. »Zwei Erwachsene, ein Kind, das fand ich nicht gerecht«, erklärt Gabriele. »Nur war ich später dann eben eine Erwachsene mit zwei Kindern.« Ein anderes Ungleichgewicht. Bei ihrem Sohn übernimmt Gabriele von Anfang an fast alle Arbeit. In ihrem Mediziner-Freundeskreis gibt es zu dieser Zeit einen Wandel: Viele Freunde orientieren sich um. Sie wollen Karriere machen. Gabriele will das eigentlich nicht. Ihr Mann schon. Sie trennen sich, als ihr Sohn noch keine zwei Jahre alt ist.

»Meine Generation, wir wollten damals beides«, sagt Gabriele. Sie will Kinder und Karriere. Und sie will auf keinen Fall so werden wie ihre Mutter. Für die war das Hausfrauendasein ganz selbstverständlich, bei drei Kindern, auch wenn sie nach Gabrieles Einschätzung vielleicht gern gearbeitet hätte. Immerhin hat ihre Mutter, als Gabriele und ihre Geschwister groß waren, noch eine Ausbildung gemacht und auch gearbeitet. Dennoch: »Das vorgeschriebene Glück war eigentlich, Hausfrau und Mutter zu sein.« Klassisch Fünfzigerjahre. Gabrieles Anspruch war es dann, es anders zu machen. Auf keinen Fall nur Haushalt. »Das war für mich immer die Horrorvorstellung.«

Sie blickt noch mal zurück: Mit dem ersten Kind und noch in der Partnerschaft ist nicht alles nur einfach und entspannt, obwohl Gabriele es nie schrecklich anstrengend, sondern sehr schön findet, Mutter zu sein. Doch sie macht vieles anders als die Generation vor ihr. Als sie ihrer Mutter von ihrer zweiten Schwangerschaft erzählt, sagt die nur: »Jetzt gibst du doch hoffentlich deinen Beruf auf!« Gabriele trifft das. Sie ist stolz auf ihr inzwischen abgeschlossenes Studium. Auf das, was sie erreicht hat. Für sie ist klar: Zu Hause bleiben ist keine Option. Auch das Umfeld in der Medizin ist nicht wahnsinnig kinderfreundlich, die Professoren lassen auch mal frauenfeindliche Sprüche fallen. Gabriele will in die Frauenheilkunde. Ein Gynäkologie-Professor sagt in der Vorlesung, jede Frau solle bis fünfundzwanzig ihre eigene Reproduktivität getestet haben. In einem weniger offiziellen Rahmen sagt er noch, er stelle nur Frauen ein, die er eigenhändig sterilisiert habe. Eine Stelle als Oberärztin an einer großen Klinik, in einem solchen Umfeld – Gabriele stellt sich den Weg unheimlich anstrengend vor. Sie will einen anderen gehen.

Nach der Trennung schlägt Gabriele sich allein durch, mit zwei Kindern. Sie fängt an zu arbeiten, in einer Kinderarztpraxis, mit einer halben Stelle. Als sie ihren Sohn im Alter von knapp drei Jahren in den Kindergarten gibt – »und dann auch noch über Mittag« –, muss sie sich einiges anhören. Rabenmutter wird sie von anderen Eltern genannt. Der Kindergarten wird »Fremdunterbringung« genannt, so als würde Gabriele ihre Kinder für immer und an vollkommen Fremde abgeben. Gabriele hat ständig das Gefühl, nichts wirklich richtig zu machen: Sie ist keine »richtige« Mutter, jedenfalls keine in Vollzeit. Sie ist keine richtige Ärztin, zumindest ist sie nur befristet angestellt und arbeitet auch hier nicht Vollzeit. Gabriele lebt zwischen den Welten. Aber was bleibt ihr anderes übrig, als weiterzumachen? Also macht sie: weiter.

Im Kindergarten lernt sie schließlich einen Mann kennen, dessen Tochter auch dort hingeht. Drei Jahre später sind sie ein

Paar, ziehen zusammen. Gabriele arbeitet inzwischen beim Gesundheitsamt. Sie sind eine klassische Patchworkfamilie. Ihre Stieftochter ist viel bei ihrer Mutter, kommt aber an den Wochenenden und in den Ferien zu ihnen. Gabrieles Kinder leben bei ihnen.

Gabriele und ihr neuer Mann bekommen noch ein Kind, eigentlich ungeplant. Sie arbeitet inzwischen beim Kinderschutzbund, dort wird sie bis zur Rente bleiben. Nebenbei hat sie noch eine psychotherapeutische Ausbildung gemacht, kann nun Kinder und Jugendliche therapieren, steigt in die Familienarbeit ein. Als sie ihr Baby bekommen, kann Gabriele nach einigen Monaten auf halber Stelle wieder einsteigen. Ihr Mann, ein freier Journalist, ist schließlich immer da, er kann sich viel kümmern. Sie arbeiten beide nicht voll. »Das hat eigentlich sehr gut für uns funktioniert.« An die Zeit mit den drei, manchmal vier Kindern erinnert sich Gabriele heute gern zurück. Damals, erzählt sie, dachte sie oft: So kann es sein. So einfach. Und so gut. Auf meine Frage, wie man mit so vielen Kindern in einer großen Stadt und mit weniger Arbeit finanziell über die Runden kommt, antwortet Gabriele: »Wir konnten gut haushalten.« Dabei lächelt sie mich wissend an. Heute sind die Ansprüche andere, denke ich bei mir.

Ihre Kinder werden älter und ziehen nacheinander aus. Heute ist Gabriele sechsundsechzig Jahre alt und Großmutter. Ihr Sohn hat zwei Söhne, besonders den Großen sehen sie viel, er hat schon früh bei ihnen übernachtet. Die Enkel haben es ziemlich gut: Gleich drei Großelternpaare leben in Köln. Das heißt aber auch: »Weihnachten ist ziemlich anstrengend. Aber Weihnachten in Patchworkfamilien ist eigentlich immer schwierig.«

Gabriele hat, seit sie sechzig Jahre alt war, ihre Stunden nach und nach reduziert, damit sie nicht so in den Ruhestand hineinstolpert, erzählt sie. In diesem Jahr hat sie dann endgültig aufgehört. Jetzt füllt sie ihre Tage mit verschiedenen Dingen, sie trifft viele Menschen, zurzeit aber nur draußen. Nach sechs Wochen Pause haben sie es nicht mehr ausgehalten, da hat sie dann auch ihre Enkel wieder im Freien gesehen. Der Mensch sei ein soziales Wesen, meint Gabriele. Die Zeit nehme uns alle mit. Ihre Enkel nicht zu sehen, das war für Gabriele bisher die größte Beeinträchtigung in der Pandemie.

Eigentlich will ich heute mit Gabriele darüber sprechen, ob das Großmuttersein sie erfüllt – und ob sie glaubt, man würde ohne Enkel etwas verpassen. Weil Gabriele aber seit Jahren Familienarbeit macht, Kinder- und Jugendtherapie und Elternarbeit, ist sie an diesem Vormittag auch eine Art Expertin in Sachen Familienplanung. Mir ist das ganz recht. Ich war noch nie vorher bei einer Familienberatung oder einer Therapie, und Gabriele gibt mir nicht nur Ratschläge fürs Leben, ihre Ratschläge sind auch pädagogisch wertvoll. Keine meiner Fragen ist zu doof für sie, sie beantwortet alles auf ihre ruhige, ehrliche Art.

»Ich habe«, sagt Gabriele, »zu diesem Thema eine berufliche und eine private Haltung.« Ihre berufliche, also familientherapeutische Haltung ist die: Es gibt kein Recht auf Enkel. Potenzielle Großeltern haben sich in diese Entscheidungen nicht einzumischen. »Ich habe auch kein Recht darauf, Großmutter zu sein.«

Und ihre private Haltung? »Ich war selbst überrascht, wie wichtig mir das irgendwann wurde.« Ihre Kinder hat sie nie danach gefragt oder darauf angesprochen. Aber irgendwann hätten sie und ihr Mann festgestellt: »Eigentlich fühlen wir uns jetzt reif genug, Großeltern zu werden.«

Gabriele ist zufrieden damit, wie es jetzt ist – und sie will es laufen lassen. Sich bloß nicht zu viel einmischen. Ihre Tochter ist inzwischen einundvierzig Jahre alt, kinderlos – und hat, so hat sie es Gabriele gesagt, noch nie in ihrem Leben einen Kinderwunsch verspürt. »Gibt's auch«, sagt Gabriele leichthin und kommentiert es nicht weiter. Ihr Sohn wiederum, das weiß sie noch genau, wollte schon mit zehn Jahren viele Kinder haben. Er und seine Frau melden sich oft spontan: Ob Gabriele Zeit habe, auf die Enkel aufzupassen? Oft hat sie die leider nicht, sagt sie. Ein fester Termin wäre ihr lieber gewesen. »Aber darauf habe ich natürlich keinen Rechtsanspruch.« Und die jungen Eltern brauchen sie eben flexibel. Trotzdem: Wenn ihr großer Enkelsohn am Wochenende bei ihnen übernachtet, dann ist das das Höchste für Gabriele und ihren Mann. Um halb sieben ist der Kleine morgens wach. Es ist schön, Zeit mit einem Kind zu verbringen, findet Gabriele. »Und dann können wir hinterher sagen: Jetzt nehmt ihr mal wieder.«

Sie erinnert sich daran, wie sie selbst einmal ihre Tochter als Baby im Arm hatte und dachte: Wie schön muss es sein, Großmutter zu sein! »Natürlich auch, weil meine eigene Großmutter so eine Lichtgestalt in meinem Leben war.« Und weil das Anstrengende für sie als sehr junge Mutter diese riesige Verantwortung war. Das Wissen: Ich allein bin zuständig für das Wohlergehen eines anderen Lebewesens. Ihre eigene Mutter war für sie keine solche Lichtgestalt. An ihr hat sich Gabriele viel gerieben, sie waren oft grundsätzlich anderer Meinung. Jedenfalls wollte sie ihre Mutter mit ihrem Erziehungsstil nicht zu nah an das Kind heranlassen. Und sie selbst hatte auch noch nicht genug Abstand von ihrer Mutter gewonnen.

Wenn Leute sich bei Gabriele über ihre pubertierenden Kinder beschweren, dann sagt sie oft: Wartet mal ab! Wenn die erwachsen sind, dann ist es besonders schön. Sie sagt: »Ich denke, es ist das Beste, was ich im Leben geschafft habe: Kinder zu bekommen.« Sie ist stolz auf ihre Kinder und auf das, was sie erreicht haben. Sie ist stolz auf ihre eigene Lebensleistung, als Mutter, als Ärztin und Therapeutin. »Aber zu behaupten, dass Kinder immer sinnstiftend sind, fände ich eine unglaubliche

Anmaßung.« Es gebe so viel anderes im Leben, das Sinn stiften kann. Eine Freundin von Gabriele, die nicht unbedingt freiwillig kinderlos geblieben ist, hat beispielsweise sage und schreibe sieben Patenkinder, die sie viel besucht und mit denen sie auch in den Urlaub fährt. »Wenn mir Kinder viel bedeuten, kann ich mich doch auch anders einbringen«, meint Gabriele dazu.

***

Auch meine Eltern haben mich noch nie direkt nach Enkelkindern gefragt, sich rausgehalten. Aber ich weiß, dass sie es schön fänden, natürlich fänden sie es schön.

Wenn ich hier mit Gabriele sitze, die so kluge Sachen sagt und so schön erzählt, dann kommt mir plötzlich alles furchtbar egal vor, denn ich bin, wenn man mal ehrlich ist, klein und unbedeutend. In meinem Leben habe ich noch nicht einmal ansatzweise das geleistet, was Gabriele vollbracht hat. Ob ich am Ende nun ein Kind bekomme oder nicht, dürfte, wenn überhaupt, nur sehr wenige Leute interessieren. Es wäre keine feministische Revolution angestoßen, wenn ich die private Entscheidung träfe, keine Kinder zu bekommen. Auch wenn das Private politisch ist – meine Einzelentscheidung wäre es nicht. Gibt es, frage ich mich, für mich nicht noch andere Dinge als Quoten und Haushalt, um den ich mich, wenn ich ganz ehrlich bin, sowieso nicht zu 50 Prozent kümmere? Die Liebe und das Leben, nur, was soll das sein? Ich könnte mir ein Haus und ein Auto kaufen und heiraten, und ich wäre nicht glücklich. Ich könnte kündigen, alles aufgeben und hinter mir lassen und nach Australien auswandern, um dort Tauchlehrerin zu werden, und ich wäre nicht glücklich. Ich könnte um die Welt reisen und trotzdem älter werden. Ich könnte genau hier bleiben, wo ich gerade bin, in der gleichen Stadt, mit dem gleichen Job, und alles auf immer und ewig oder zumindest für die nächsten fünfunddreißig Jahre so weitermachen, und ich weiß nicht: Wäre ich glücklich? Ich sehne mich so sehr nach diesem Ding – irgendeinem! –, das Sinn verspricht, und habe zugleich so große Angst davor, etwas zu verändern, die Kontrolle abzugeben, nicht mehr planen zu können. Ich habe keine Lust auf ein bedeutungsloses Leben, aber ich habe auch keine Lust, meine Privilegien als kinderlose, unverheiratete Frau aufzugeben.

Trotzdem ärgert es mich: Warum sind es in viel zu vielen modernen Beziehungen nach wie vor die Mütter, die zu Hause bleiben? Damit sich daran etwas ändert, müssten wir schon mehr oder weniger kollektiv anders handeln. Klingt allerdings ganz schön illusorisch – und bevormundend.

***

»Ein Stück weit muss man eine Spannung oder ein Dilemma auch aushalten«, sagt Gabriele. Den meisten gehe es schließlich so, dass sie gern zu Hause sind – sich aber trotzdem mal danach sehnen, woanders zu sein. »Oder andersherum: Dass man zwar sehr gerne arbeiten geht, es aber auch gemütlich aussieht, wenn der andere mit dem Baby zu Hause erst um zehn Uhr frühstückt.« Gabriele findet, dass ich die Entscheidung vielleicht auch zu hoch hänge. »Es wird vielleicht nicht alles hundertprozentig gut. Aber es wird auch nicht alles schlecht.« Also: loslassen und sich überraschen lassen.

»Es gibt so viele Wege, glücklich zu sein und das Richtige für sich zu finden. Das Richtige gibt es ja in dem Sinne gar nicht«, sagt Gabriele. Sie glaubt, dass Eltern heute sowieso ein bisschen zu verspannt seien. »Viele sagen, sie wollen nur, dass ihre Kinder glücklich sind. Was für ein Druck fürs Kind!« Glücklich sein auf Befehl, das geht doch gar nicht, findet Gabriele. Finde auch ich, übrigens nicht nur in Bezug auf Kinder.

Ich frage mich, ob manche Leute nicht auch und gerade deshalb Kinder bekommen, weil sie es genauso haben wollen wie Gabriele: nette Kinder, eine gute Beziehung, und dann, im

Ruhestand, eine fröhliche Zeit mit den Enkelkindern. Die Menschen wollen schließlich nicht einsam sein, vor allem dann nicht, wenn sie alt sind. Die Angst davor sitzt tief, auch bei mir.

»Wenn man in sich hineinhorcht, dann sind viele Motive fürs Kinderkriegen unglaublich ernüchternd«, bestätigt Gabriele. Sie glaubt, dass sie selbst so früh schwanger wurde, weil sie insgeheim Angst davor hatte, was passieren würde, wenn sie mit dem Studium fertig wäre. »Ich bin kein Alphatier.« Die Ellbogen-Mentalität vieler Mediziner war ihr nicht geheuer.

Ein anderes Motiv: die innere Leere füllen wollen. Das wäre vielleicht auch mein Motiv, wenn ich ganz ehrlich und ungeschönt und unromantisch darüber nachdenke. Ich frage mich: Was kommt als Nächstes? Wie geht es weiter mit mir? Irgendwas anderes muss da schon noch kommen, oder? Ich kann doch nicht auf die Erde gekommen sein und irgendwann einfach wieder verschwinden, und das war's dann! Aber kann ich natürlich doch.

»Man kann«, sagt Gabriele, »furchtbar viel lesen, sich vorbereiten, alles planen. Und trotzdem ist alles ganz anders, wenn ein Kind da ist.« Sie findet es fatal, dass wir in der heutigen Welt nach Planbarkeit streben. Manche Dinge kann man schließlich nicht planen. »Kinder geben einem auch das Gefühl, die Kontrolle über das eigene Leben zu verlieren.« Zugleich aber hat Gabriele dadurch unglaublich viel über sich gelernt, was sie vorher nicht von sich wusste: Dass sie so gern tobt und bastelt und Quatsch macht. Wie sehr sie es genießt, so viel im Freien zu sein, die Jahreszeiten plötzlich wieder zu erleben, wahrzunehmen, wie sich die Natur verändert. Sie hat einen anderen Blick auf die kleinen Dinge im großen Ganzen gewonnen.

Trotzdem stehe ich, steht meine Generation heute wieder vor den gleichen Fragen, mit denen schon Gabriele und die Frauen ihrer Generation so zu kämpfen hatten. Das macht mich müde. Gabriele zum Glück nicht. Sie kann die Ungerechtigkeiten und Unwägbarkeiten der K-Frage mit einer gewissen Gelassenheit betrachten, immerhin hat sie dieses Leben schon gelebt. Für mich aber käme das alles noch, sollte ich mich für Kinder entscheiden: all die Kämpfe, all die Entscheidungen zwischen Zu-Hause-Bleiben oder Trotzdem-arbeiten-Gehen, all die schlaflosen Nächte und terminvollen Tage. Aber Gabrieles Gelassenheit färbt trotzdem ein klitzekleines bisschen ab, glaube ich. Vielleicht sollte ich doch – tatsächlich, ja wirklich! – einfach damit beginnen, weniger nachzudenken. »Leben passiert«, sagt Gabriele.

Leben passiert.

Dank

Ich möchte mich zum Schluss noch bedanken:
bei allen Menschen, die sich die Zeit genommen haben, mir für dieses Buch ihre Geschichte zu erzählen. Solche Geschichten, die Mut machen, aber auch solche Geschichten, die sonst wenig Raum im öffentlichen Diskurs haben. Ich danke Euch und Ihnen für die Offenheit und das mir entgegengebrachte Vertrauen. Es bedeutet mir viel. Ohne Euch und Sie wäre das Buch nicht möglich gewesen.

Bei Mama und Papa, weil sie mich immer unterstützen, bei meiner Schwester Kathy und ihrem Mann Micha für das Vertrauen, bei meiner Familie aus Brühl. Danke auch an Rebekka Göpfert, die mit der Idee für dieses Buch an mich herangetreten ist und mich bis zum Schluss begleitet hat. Danke an meine Freundinnen, die mir ihre Stimmen und Gedanken geliehen haben – Vici, Karen, Merle – und die mir ihren professionellen Rat gegeben haben: Julia, Elena, Anna. Danke an meinen Lektor Ludger Ikas, vor allem für die Geduld angesichts meiner Unorganisiertheit. Danke an meine Kolleginnen und Kollegen in der Zeitung, die mir geholfen haben, meine Ideen und Gedanken in Artikel zu formen. Und zuletzt und damit am allerwichtigsten: Danke an meinen lieben Frederik. Ohne Dich wäre alles nichts.

Anmerkungen

1 Bundesministerium für Familie, Senioren, Frauen und Jugend: *Ungewollte Kinderlosigkeit 2020. Leiden – Hemmungen – Lösungen*, PDF abrufbar unter https://www.bmfsfj.de/bmfsfj/service/publikationen/ungewollte-kinderlosigkeit-2020/161020

2 Sheila Heti, *Mutterschaft*, Reinbek bei Hamburg 2019, S. 39

3 Chimamanda Ngozi Adichie, »We should all be feminists«, Video abrufbar unter: https://www.ted.com/talks/chimamanda_ngozi_adichie_we_should_all_be_feminists

4 Lois W. Hoffman/Martin L. Hoffman, »The value of children to parents«, in James T. Fawcett (Hrsg.), *Psychological perspectives on population*, New York 1973, S. 19–76

5 Seth Wynes/Kimberly A. Nicholas, »The climate mitigation gap: education and government recommendations miss the most effective individual actions«, *Environmental Research Letters* 12 (2017), https://iopscience.iop.org/article/10.1088/1748-9326/aa7541/pdf

6 Katja Grach, *Milf-Mädchenrechnung. Wie sich Frauen heute zwischen Fuckability-Zwang und Kinderstress aufreiben*, Berlin 2018

7 Julia Schaaf, »Frauen, lasst die Vollzeit sein! Und Männer: Ihr auch!«, *Frankfurter Allgemeine Sonntagszeitung*, 20. Januar 2019, https://www.faz.net/aktuell/stil/leib-seele/emanzipation-frauen-lasst-die-vollzeit-und-maenner-ihr-auch-15997951.html

8 Teresa Bücker, »Ist es eine radikale Idee, keine Karriere machen zu wollen?«, *Süddeutsche Zeitung Magazin*, 13. November 2019, https://sz-magazin.sueddeutsche.de/freie-radikale-die-ideenkolumne/frauen-karriere-kinder-87992

9 Bundesministerium für Familie, Senioren, Frauen und Jugend (Hg.): *Väterreport: Vater sein in Deutschland*, https://www.bmfsfj.de/blob/127268/2098ed4343ad836b2f0534146ce59028/vaeterreport-2018-data.pdf

10 Tamm, Marcus: Father's Parental Leave-Taking, Childcare-Involvement and Mothers' Labor Market Participation; https://www.rwi-essen.de/publikationen/ruhr-economic-papers/955/

11 Statistisches Bundesamt, Pressemitteilung vom 16. März 2020; https://www.destatis.de/DE/Presse/Presse

mitteilungen/2020/03/PD20_097_621.html

12 Patrick Bernau, »Warum Frauen so wenig verdienen«, *Frankfurter Allgemeine Sonntagszeitung*, 17. März 2020, https://www.faz.net/aktuell/wirtschaft/mehr-wirtschaft/gruende-fuer-unterschiedliches-gehalt-bei-mann-und-frau-16093149.html

13 Manuela Barisic/Valentina Sara Consiglio, »Frauen auf dem deutschen Arbeitsmarkt: Was es sie kostet, Mutter zu sein«, 2020, https://www.bertelsmann-stiftung.de/de/publikationen/publikation/did/frauen-auf-dem-deutschen-arbeitsmarkt-1

14 Jutta Allmendinger: »Die Frauen verlieren ihre Würde«, *ZEIT ONLINE*, 12. Mai 2020, https://www.zeit.de/gesellschaft/zeitgeschehen/2020-05/familie-corona-krise-frauen-rollenverteilung-rueckentwicklung

15 Lena Hipp, »Do Hiring Practices Penalize Women and Benefit Men for Having Children? Experimental Evidence from Germany«, *European Sociological Review* 36,2 (April 2020), S. 250–264, https://academic.oup.com/esr/advance-article-abstract/doi/10.1093/esr/jcz056/5622895?redirectedFrom=fulltext

16 Orna Donath, *Regretting Motherhood: Wenn Mütter bereuen*, München 2016

17 Susanne Mayer, »Geht's noch?«, *DIE ZEIT*, 10. März 2016, https://www.zeit.de/2016/12/regretting-motherhood-eltern-glueck-familiendebatte

18 Ursula März, »Revolutionär!«, *DIE ZEIT*, 12. Januar 2017, https://www.zeit.de/2017/03/eltern-zeit-nichtstun-antikapitalismus-rebellion

19 Edo Reents, »Lass es wegmachen, oder was?«, *F.A.Z.*, 19. März 2016, https://www.faz.net/aktuell/feuilleton/bereute-mutterschaft-lass-es-wegmachen-oder-was-14133159.html

20 Jutta Allmendinger, »Ich liebe mein Kind, aber …«, *DIE ZEIT*, 8. September 2016, https://www.zeit.de/2016/38/kinderwunsch-vermaechtnis-studie-reue-eltern

21 Alice Schwarzer, »Das Ewig Weibliche ist eine Lüge« (Interview mit Simone de Beauvoir), *SPIEGEL*, 5. April 1976, https://www.spiegel.de/spiegel/print/d-41279965.html

22 YouGov Reports, »Regretting Parenthood. Ursachen und Demografie bereuter Elternschaft«, Juli 2016, https://www.ius.uzh.ch/dam/jcr:118ca3b3-314c-4c94-bb5d-dcdc41804034/YouGov-Studienbericht_Regretting_Parenthood.pdf

23 Julia Bähr, »Raus mit der Muttersprache«, *F.A.Z.*, 29. März 2016, https://www.faz.net/aktuell/feuilleton/regretting-motherhood-raus-mit-der-muttersprache-14148262.html

D C B A
Bibliographisches Institut GmbH, Mecklenburgische Straße 53, 14197 Berlin

Redaktion Dr. Ludger Ikas
Herstellung Alfred Trinnes
Layout Schimmelpenninck.Gestaltung, Berlin
Satz L101 Mediengestaltung, Fürstenwalde
Umschlaggestaltung www.zero-media.net, München
Umschlagabbildung Eieruhr (French Anderson LTD/stocksy.com)
Druck und Bindung CPI books GmbH, Birkstraße 10, 25917 Leck
Printed in Germany

ISBN 978-3-411-71764-4
Auch als E-Book erhältlich unter: ISBN 978-3-411-91321-3
www.duden.de

PEFC/04-31-3011

PEFC zertifiziert
Dieses Produkt stammt aus nachhaltig bewirtschafteten Wäldern und kontrollierten Quellen.

www.pefc.de